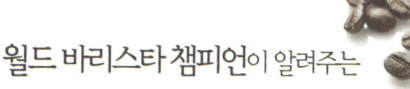

월드 바리스타 챔피언이 알려주는

세상에서 가장 맛있는 커피를 내리는 방법

이자키 히데노리 지음
박상호 감수 / 전지혜 번역

아티오
ArtStudio

여러분은 어떤 커피를 좋아하시나요?
사람마다 맛의 취향이 다릅니다.
그래서 이 책에서는 여러분의 취향에 맞는
'최고의 커피'를 내리는 방법을
소개해드리고자 합니다.

머리말

커피는 전 세계에서 가장 친숙한 음료 중 하나입니다.

세계 무역 거래 금액에서 석유에 이어 두 번째로 큰 금액입니다.

그야말로 전 세계 사람들의 입맛을 사로잡는 매혹적인 음료입니다.

저는 2014년에 열린 세계 최대 바리스타 대회인 월드 바리스타 챔피언십에서 아시아인 최초로 우승을 했습니다.

그 이후에 해외에서 연간 200일 이상 머무르면서 바리스타를 육성하였으며, 커피 관련 기기를 연구 개발하고 커피숍이나 대규모 체인점의 컨설팅을 진행하면서 커피에 관련된 다양한 활동을 펼쳤습니다. 이른바 '커피 전도자'로 전 세계를 누비는 생활을 계속해왔죠.

이 책은 그러한 경험과 지식을 바탕으로 '세상에서 가장 맛있는 커피를 내리는 방법'을 소개하는 책입니다.

이 책에서 말하는 '세계에서 가장 맛있는 커피'는 자신이 가장 맛있다고 느끼는 취향에 맞는 최고의 커피를 의미합니다.

커피만의 복잡하고 깊이 있는 맛을 이해하기 쉽게 풀이하여 자신이 어떤 맛을 선호하는지 올바르게 파악할 수 있도록 도와드리고자 합니다.

그리고 단 한 번의 우연으로 맛보고 끝나는 것이 아니라 계속 재현하는 방법을 이 책에서 알려드릴 예정입니다. 취향에 맞게 맛을 조절할 수 있게 되면 자신을 표현할 수 있는 자신만의 커피를 만들 수 있습니다.

참고로 수많은 커피 관련 서적이 있지만, 이 책은 단순히 커피를 내리는 방법을 순서대로 정리한 가이드 책과는 결이 매우 다릅니다.

이 책은 '본인의 맛 취향'을 파악하고 자신에게 어울리는 '최고의 커피'를 집에서 만들어내는 방법을 다룬 책입니다.

그래서 사진만 보고 즐기는데 끝나지 않도록 '읽을거리'를 구성해보았습니다. 책을 끝까지 읽어보시면 초보자부터 상급자, 커피숍 사장님, 바리스타가 되고 싶은 분들까지 커피 내리는 방법의 논리를 깊게 이해하여 누구나 본인 취향에 맞는 '세상에서 가장 맛있는 커피'를 내릴 수 있을 것입니다.

그동안 커피 책을 꽤 읽어보신 분 중에는 아마 다음과 같은 고민에 빠진 분도 있을 것입니다.

- 어떤 커피 원두가 내 취향에 맞는지 모르겠다.
- 나만의 방법으로 커피를 내리고 있는데, 이게 맞는 방법인지 모르겠다.
- 별로 맛있다는 느낌이 없는데, 어떻게 조절하면 될까?
- 다른 사람이 아닌 내 취향에 맞는 맛을 알아내고 싶다.

이 책에서는 생두부터 추출에 이르기까지 포괄적인 지식을 정리하고, 제가 전 세계에서 배워온 기술을 곧바로 적용할 수 있는 '커피 내리는 방법'의 실천 노하우를 철저하게 파헤쳐서 설명하려고 합니다.

이 책을 통해서 본인 취향에 맞는 '세상에서 가장 맛있는 커피'를
찾는 여행을 떠나봅시다.

본인 취향에 맞는 최고의 커피를 찾을 수 있다면 분명 일상생활에 최상의 휴식을 가져다줄 수 있을 것입니다.

자신을 위해서 또는 사랑하는 누군가를 위해 커피를 내려도 좋습니다. 커피를 통한 행복이 부드럽고 따뜻하게 세상에 널리 펼쳐지기를 바랍니다.

이자키 히데노리

커피 바리스타로 일하면서 수많은 커피에 관련된 책을 접해 볼 때마다 느낀 점은 내용이 빈약해서 너무 심플하거나 아니면 반대로 너무 어려운 내용이 많아서 보기가 불편하다고 생각했습니다. 특히 커피가 직업이 아닌 단지 커피를 좋아하는 애호가를 위한, 적당하게 유익한 정보와 이해가 될 수 있는 책을 찾을 수가 없어서 지인에게 커피 책을 선물해주려 할 때도 망설인 적이 많았습니다.

하지만 히데노리의 책인 '세상에서 가장 맛있는 커피를 내리는 방법'을 감수하면서 시간이 얼마나 지나가는지도 모른 채 즐겁게 읽었습니다. 커피는 깊게 파고들수록 대중들이 소화하기 힘든 내용이 많을 수밖에 없는데 이 책은 대중성과 전문성을 쉽게 소화할 수 있도록 잘 설계된 책이라고 생각이 듭니다. 이런 밸런스가 잘 잡힌 건 아마도 히데노리의 경력에서 묻어나는 노련함 그리고 그의 열정에서 나오는 것이 아닌가 생각됩니다.

각 나라 생산지들에 대한 특성, 가공법, 물, 로스팅, 분쇄도, 드리퍼 종류와 성향 등 쪽집게 과외 선생님처럼 중요한 것들로만 구성되어 있을 뿐만 아니라 내용도 알차서 바리스타에게도 꼭 추천해 주고 싶은 책이라고 생각합니다. 기본적으로 꼭 알아야할 내용들을 이렇게 쉽게 그리고 재미있게 풀어준 점이 인상적입니다.

어느덧 히데노리를 안지 8년째, 그의 유쾌한 성격도 이 책에 녹아들어 지루함 없이 술술 읽어지는 책 같습니다. 세계 바리스타 챔피언이 집에서도 카페처럼 맛있게 만들 수 있는 비법을 전수하는 이 책은 이제 지인에게 책을 선물하고 싶을 때 제일 먼저 손이 가는 책일 것 같습니다.

박상호

• 초보자부터 상급자 모두에게 도움이 되는 •

이 책에서 알 수 있는 것들

맛의 취향

'본인의 취향'을 파악

커피의 맛은 복잡합니다. 재스민 향, 오렌지와 비슷한 맛 등과 같은 전문가 기준이 아니라 명확한 네 가지 뒷맛을 지표로 작성된 '맛 판정표'를 통해 자신의 취향에 맞는 맛을 찾아봅시다.

원두 선택

맛의 관계성을 이해

커피 원두의 종류는 너무 많아서 쉽게 파악하기 힘듭니다. 어떤 콩을 선택해야 할지 모르는 분을 위해 생산국이나 품종, 가공법별 특성과 맛의 관계성을 이해하기 쉽게 정리하여 설명해드립니다.

전체 흐름

간단히 순서를 해설

원두 선택부터 로스팅, 원두 입자 상태, 추출까지 초보자도 이해할 수 있도록 커피를 내리는 순서를 간단히 설명해드립니다. 누구나 금방 시작할 수 있으며, 지금까지 모르고 사용해왔던 방법의 의미를 손쉽게 이해할 수 있습니다.

테크닉

세계 최고 수준의 바리스타 기술

세계 최고 수준의 바리스타 테크닉을 집에서 실현할 수 있습니다. 맛의 황금비인 추출 비율부터 무게, 시간, 온도, 물을 따르는 방법까지 최고의 커피를 내리는 비결을 전수해드립니다.

사고방식

'맛'의 비밀

세계 최첨단의 과학적인 지식을 바탕으로 '맛'을 내는 방법을 알기 쉽게 설명해드립니다. 왜 그런 방법을 써야 하는지 그 이유를 이해할 수 있습니다. 감각이나 우연에 의존하지 않고 논리적인 방법을 소개해드립니다.

자신만의 방법

맛의 조절

맛은 결국 자신의 취향에 따라 달라집니다. 정답은 정해져 있지 않죠. 본인의 취향을 올바르게 파악하면서 그에 걸맞은 맛을 적절히 조절해 나갈 수 있습니다.

• 커피의 맛은 어떻게 결정하는가? •

맛을 조절하는 여섯 가지 요소

1~3 BEANS

[커피 원두]

•맛을 바꾸는 요소•

생산국
품종
가공법

요리와 마찬가지로 커피 또한 재료가 굉장히 중요합니다. 비싼 커피 원두가 꼭 좋은 것만은 아니죠. 취향에 맞는 콩을 찾을 수 있는 '3원칙'을 소개해드립니다.

4 ROAST

[원두 볶기]

•맛을 바꾸는 요소•

〈로스팅〉

라이트 로스팅
미디엄 로스팅
프렌치 로스팅

맛에 큰 영향을 미치는 로스팅. 하지만 로스팅 정도의 기준은 상당히 모호합니다. 맛과의 기본적인 관계를 억제하면서 한 단계 높은 수준의 원두 선택 방법을 소개해드립니다.

5 GRIND

[원두 갈기]

•맛을 바꾸는 요소•

〈입자 크기〉

거친 입자
중간 입자
고운 입자

원두 입자의 크기도 맛에 큰 변화를 줍니다. 입자 크기는 원두와 물을 섞는 추출의 열쇠가 됩니다. 로스팅 정도와 조합하여 취향에 맞는 농도를 조절하는 방법을 소개해드립니다.

커피 원두는 30%만 뜨거운 물에 녹습니다. 얼마나 효율적으로 원두의 성분을 물에 이동시키는지가 중요합니다. 바리스타가 직접 전수하는 여섯 가지의 규칙을 소개해드립니다.

6 DRIP

[추출]

•맛을 바꾸는 요소•

〈추출〉

무게, 시간, 온도,
물을 따르는 방법

• 우선 대략 알아두어야 할 •

커피 내리는 방법

STEP 1

[원두의 선택과 계량]

생산국이나 로스팅 정도 등을 통해 취향에 맞는 원두를 선택하고 원두의 무게를 측정한다.

STEP 2

[원두 갈기]

정해진 온도에 맞게 물을 끓인다. 측정한 원두를 그라인더를 이용하여 취향에 맞는 입자 크기로 갈아준다.

STEP 3

[데우기]

드리퍼에 종이 필터를 끼운다. 끓인 물을 흘려보내 드리퍼를 데운다.

STEP 4

[뜸들이기]

갈아낸 원두 가루를 드리퍼에 넣고 끓인 물을 정해진 양만큼 부은 후 일정 시간 뜸을 들인다.

STEP 5

[추출]

드리퍼에서 물이 빠져나온 후 여러 차례에 나눠서 끓인 물을 붓는다.

STEP 6

[완성]

드리퍼에서 물이 완전히 빠져나오면 완성. 드립 서버에서 컵으로 커피를 옮긴다.

차 례

차 례

| Chapter 5 |

'기본적인 맛' 다섯 잔의 마법 레시피

| Chapter 6 |

커피용품 추천 18가지

Prologue

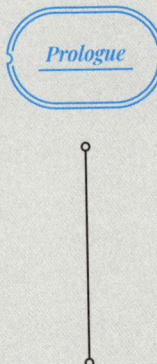

‘세상에서 가장 맛있는 커피’란?

이 장에서 알 수 있는 내용

- 맛을 구성하는 ‘여섯 가지 요소’
- ‘쓴맛과 신맛’, ’진한 맛과 연한 맛’으로 맛을 파악하다
- ‘맛 취향’ 판정표

최고의 커피는 '본인의 맛 취향'을
알아내는 것에서 시작된다.

{'본인의 맛 취향'을 찾아내는 나침반}

세상에서 가장 맛있는 커피에 정답은 따로 없습니다.

추출 분야에서 세계 최고봉의 대회인 월드 바리스타 챔피언십이나 월드 브루어스 컵에서도 매년 추출 추세가 변화하면서 몇 년 전에는 '훌륭하다'고 했던 맛조차 현재에는 위화감을 느끼는 경우도 많습니다.

예를 들면 2016년까지의 국제적인 드립 커피 추세는 가능한 한 적은 양으로 곱게 간 커피 가루를 사용한 커피를 선호했지만, 최근에는 미분(고운 가루)으로 인한 '과추출'을 피하려고 거친 입자로 가는 대신 전보다 조금 많은 양의 커피를 선호하는 추세입니다. 이처럼 커피 전문가들이 원하는 '정답'도 빈번히 바뀝니다.

커피는 최고의 기호 식품이므로 자신만의 추출 방법과 맛에 대한 신념이 있는 사람도 많이 있습니다. 예를 들면 저는 극단적인 프렌치 로스팅은 '태운다'라는 뜻이 강해 선호하지 않는 맛이지만, 반대로 '이 탄 맛이 좋다'라고 하는 사람도 있습니다.

또한 제 상식선에서는 생각조차 할 수 없는 맛을 '정답'으로 여기는 사람도 많이 있지만, 그것이 잘못되었다고 부정할 수는 없습니다.

따라서 전 세계에서 커피 추출을 가르칠 때에도 맛의 정의는 문화 배경이나 식생활에도 영향을 받기 때문에 그때마다 '정답'이 바뀌기도 합니다.

자세히 관찰해보면 가정환경에 영향을 받거나 동경하는 인물이 마시는 커피를 무의식적으로 좋아하게 되는 경우도 있기에 정답은 더 다양해질 수밖에 없습니다. 그래서 '최고의 커피'에 정답은 없다고 생각합니다.

저는 그동안 운이 좋게도 전 세계를 돌아다니면서 훌륭한 커피를 마실 기회가 많이 있었습니다. 생산국 품평회에서 1위를 차지한 커피, 월드 바리스타 챔피언십의 결승 진출자들이 내린 최상의 커피, 세계에서 가장 비싼 커피, 세계에 3kg밖에 없는 매우 희소한 커피, 보통은 손에 넣을 수 없는 매우 희귀한 품종 등 놀라울 정도로 희소한 커피들을 맛봐왔습니다.

커피라고는 생각할 수 없는 이국적인 향기, 입안에 녹아드는 달콤함, 투명하고 깔끔한 뒷맛 등 말로는 형용할 수 없을 정도로 훌륭하고 놀라움이 넘치는 맛이었죠. 물론 전 세계의 커피 전문가가 인정할 정도의 품질이었습니다.

그러나 커피 전문가가 '훌륭하다'라고 느끼는 품질이 전 세계의 모든 사람에게 '인생 최고의 커피'라고는 할 수 없습니다. 그 이유는 단순 명료하게도 품질 측면의 정답과 기호 측면의 정답이 전혀 다르기 때문입니다.

애초에 '맛'은 어떤 문맥으로 말하느냐에 따라 달라집니다. 품질이 아무리 훌륭하더라도 자신의 취향이 아닌 경우는 커피 전문가에도 충분히 있을 수 있는 일이며, 저 또한 자주 경험하고는 합니다.

그렇다고 해서 '내 취향은 품질이 안 좋은 커피니까 그 커피가 나에게 있어 세상에서 가장 맛있는 커피다'라고 단언할 수는 없습니다. 왜냐하면, 품질에는 정답이 있고 국제적으로 인정받는 기준이 존재하기 때문이죠.

만약 품질이 안 좋은 커피가 취향이라고 주장한다면 그것은 단순히 품질에서 잘못된 점을 '인지하지 못할 뿐'입니다.

따라서 '품질의 정답 = 올바른 품질이란 무엇인가?'와 '기호성의 정답 = 본인의 맛 취향이란 무엇인가?'를 나눠서 객관적으로 그 차이를 이해해야만 합니다.

저는 '세상에서 가장 맛있는 커피'란 '올바른 품질의 범주에 존재하는 본인의 맛 취향'이라고 생각합니다. 이 책은 '세상에서 가장 맛있는 커피를 내리는 방법'을 주제로 삼고 있으므로, 품질 측면의 정답이란 무엇인지 제시하여 '본인 취향에 맞는 최상의 맛'을 찾아내는 것이 목표입니다.

즉, 품질과 추출을 통해 올바른 기준을 제시하고 본인의 맛 취향을 찾아내기 위한 '나침반'과 같은 기능을 합니다. 이 책을 통해 '본인 취향에 맞는 최고의 커피'를 찾아보시기 바랍니다.

"세상에서 가장 맛있는 커피란

올바른 품질이면서
본인의 취향에 맞는 맛을 의미한다."

{맛에 영향을 미치는 여섯 가지 요소}

'취향에 맞는 최고의 커피'를 찾으려면 '취향에 맞는 맛'이 무엇인지 알아야겠죠? 그러나 무수히 존재하는 커피의 맛 중에서 취향에 맞는 맛을 찾는 일은 매우 어렵게 느껴질 수 있습니다.

커피의 맛은 매우 다양하게 표현할 수 있습니다. 예를 들면 과일 맛, 꽃향기가 나는 맛, 초콜릿 맛 등 다양하게 풍미를 표현할 수 있으며, 그 표현은 문화적인 영향을 받기 쉬워 절대적인 정답이 없습니다.

따라서 본인의 맛 취향을 파악하려면 우선 '맛을 구성하는 주요 요소'를 알아 두어야만 합니다.

커피 맛에 영향을 미치는 요소는 다음의 여섯 가지 요소입니다. 이 여섯 가지 요소는 다음 장에서 하나씩 상세히 설명해 나갈 예정이므로 이번 장에서는 대략적인 내용을 파악하는 정도로만 이해하면 됩니다.

보다 쉽게 이해할 수 있도록 각 요소를 사람에 비유하여 설명해 보도록 하겠습니다.

❶ [생산국 : 골격]

생산국을 사람에 비유하면 골격에 해당합니다. 맛을 구성하는 중요한 요소이죠. 골격에 따라 체격이 달라지듯이 커피도 생산국에 따라 맛의 경향이 크게 달라집니다.

❷ [품종 : 인종]

품종을 사람에 비유하면 인종에 해당합니다. 같은 사람이라도 인종에 따라 외모가 다르듯이 커피 역시 같은 생산국이라도 품종에 따라 맛의 경향이 극명히 달라집니다.

❸ [가공법 : 성별]

가공법을 사람에 비유하면 성별에 해당합니다. 성별에 따라 몸의 형태가 달라지듯이 가공법 방식에서 커피 맛의 경향도 크게 달라집니다.

❹ [로스팅 : 체형]

로스팅을 사람에 비유하면 체형에 해당합니다. 체형은 유전적인 요소도 있지만, 기본적으로 자신의 의지에 따라 바꿀 수 있습니다. 체형과 마찬가지로 로스팅도 원두를 연하게 볶을지, 진하게 볶을지에 따라 맛이 크게 달라집니다.

❺ [입자의 크기 : 화장이나 머리 스타일]

입자의 크기를 사람에 비유하면 화장이나 머리 스타일에 해당합니다. 화장이나 머리 스타일이 바뀔 경우, 못 알아볼 정도로 인상이 달라지는데 특히 전문가에게 화장이나 헤어 메이크업을 받으면 똑같은 재료를 사용해도 인상이 확 달라지는 것처럼 입자 크기에 변화를 주면 커피의 인상이 확 달라집니다.

❻ [추출 : 액세서리(손목시계)]

추출을 사람에 비유하면 액세서리나 손목시계에 해당합니다. 멋진 액세서리나 손목시계가 그 사람의 인상을 좋게 바꿔주듯이 추출 품질의 차이가 커피의 인상에 영향을 미칩니다.

❶~❸의 '골격', '인종', '성별'은 타고나는 부분이지만, ❹~❻의 '체형', '화장 및 머리 스타일', '액세서리(손목시계)'는 자신의 의지에 따라 바꿀 수 있습니다.

사람과 마찬가지로 커피도 ❶~❸의 '생산국', '품종', '가공법'의 세 요소는 애초에 의지만으로 제어할 수 없는 맛이며, ❹~❻의 '로스팅', '입자의 크기', '추출'의 세 요소는 의지로도 제어할 수 있는 요소라는 점을 기억해 주십시오.

즉 본인의 맛 취향을 찾고, 본인 취향의 '세계에서 가장 맛있는 커피'를 만들려면 다음과 같은 흐름을 이해하는 것이 중요합니다.

❶, ❷, ❸의 조합 → 대략적인 맛 취향을 파악한다.

❹, ❺, ❻의 조합 → 본인의 취향에 맞는 커피를 추출한다.

그림 01 맛을 구성하는 여섯 가지 요소

	요소	사람에 비유하면	
1	생산국	골격	맛을 구성하는 토대. 맛의 큰 경향을 결정짓는다.
2	품종	인종	품종에 따라 잎의 모양이나 과실의 색상이 달라지며, 풍미의 특성도 달라진다.
3	가공법	성별	같은 사람이라도 남녀의 특성이 서로 다르듯이 같은 농장에서 수확한 커피라도 가공 방법이 다르면 풍미의 특성이 달라진다.
4	로스팅	체형	로스팅 정도로 맛의 경향은 어느 정도 예측 가능하다.
5	입자의 크기	화장 머리 스타일	맛을 어떻게 낼지 선택할 수 있어 맛의 인상을 확 바꿀 수 있다.
6	추출	액세서리 (손목시계)	추출 품질의 차이로 커피의 인상이 바뀐다. 재료가 가진 맛을 끌어내는 공정.

{ 커피는 결국 '쓴맛일까? 신맛일까?' }

커피 맛에 익숙하지 않은 사람이 맞닥뜨리는 첫 장애물은 '본인의 맛 취향'을 알지 못한다는 점일 것입니다.

특히 최근 스페셜티 커피[1]를 다루는 커피숍에서는 '꽃향기'나 '초콜릿', '패션프루트', '오렌지' 등과 같이 '풍미'로 맛을 분류하는 경향이 있습니다.

스페셜티 커피는 대중적인 커피와는 분명히 구분하여 강조해야 할 맛과 풍미가 존재하기는 하지만, 와인의 맛 표현과 비슷해서 어려워하는 사람도 있습니다.

하지만 그러한 풍미의 표현만 보고 '내 취향은 오렌지 맛이 나는 커피다'라며 단정 지을 수도 없으며 애초에 이해하기 매우 어렵습니다.

1. 스페셜티 커피 협회에 따르면 '소비자(커피를 마시는 사람)로 하여금 커피의 풍미가 훌륭하고 맛있다고 평가하면서 만족하는 커피를 뜻한다. 커피의 풍미로 훌륭한 맛을 내려면 커피 원두(종자)에서부터 커피잔에 담기기까지 모든 단계에서 일관되고 철저한 체제와 공정, 품질 관리가 필수다'라고 정의되어 있다.

커피에서 과일이나 꽃과 같은 향이나 맛을 찾아내려면 시간과 경험이 필요하므로 처음에는 풍미가 아니라 '맛'으로 취향을 찾아야 합니다.

여기서 맛이란 '기본적인 맛'으로 인식할 수 있는 맛을 뜻합니다. 커피의 기본적인 맛은 주로 단맛, 신맛, 쓴맛으로 대표되며 아주 드물게 짠맛이나 감칠맛에 관한 맛으로 표현하는 경우도 있습니다.

커피 전문가의 입장에서 다양한 맛으로 커피를 표현하려고 노력하지만, 커피는 결국 '쓰거나 단 거 아니냐?'며 지적하는 고객들도 있었습니다. 당시에는 '어떻게 그런 분류가 가능하지?'라고 생각했었지만, 곰곰이 생각해보니 '그러한 사고방식도 일리가 있다'고 생각하게 되었습니다.

확실히 커피 자체의 풍미 특성을 무시하고 로스팅이 구성하는 맛에만 초점을 맞춘 경우, 로스팅이 진해지면 쓴맛이 나고 로스팅이 연해지면 신맛이 강해집니다.

'쓴맛'과 '신맛' 중에서 어떤 것이 취향인지 나름대로 분류할 수 있게 되면 대략적으로나마 본인의 맛 취향에 대한 방향성을 파악할 수 있게 됩니다.

물론 익숙해지면 본인의 맛 취향의 범주에서 '커피의 로스팅 정도가 똑같아도 조금 달게 느껴진다'라는 등의 세세한 차이를 느낄 수 있죠.

대략적인 본인의 맛 취향의 방향성 배우기를 전제로 하면 자신의 취향을 세분화하여 본인 취향의 커피에 한층 더 가까워질 수 있습니다.

그러므로 우선 다음과 같이 생각해봅시다.

쓴맛을 좋아하는 사람 ➡ 로스팅이 '진한' 커피를 선택한다.

신맛을 좋아하는 사람 ➡ 로스팅이 '연한' 커피를 선택한다.

로스팅이 진할수록 쓴맛이 나고 연할수록 신맛이 납니다. 양파를 볶는 광경을 상상해보십시오. 양파를 재빠르게 익히면 아삭아삭한 맛, 즉 신맛이 나고, 계속해서 익히면 결국에는 타면서 쓴맛이 됩니다.

쓴맛이나 신맛은 로스팅 정도에 크게 영향을 받으므로 우선은 로스팅 정도에 주목하여 커피를 선택합시다. 로스팅 정도로 쓴맛과 신맛을 대략 분별할 수 있게 되면 커피를 잘못 선택할 위험성을 낮출 수 있습니다.

{ '본인의 맛 취향'을 파악할 수 있는 판정표 }

쓴맛과 신맛을 구분하는 것이 이해하기 쉬운 지표이기는 하지만, 그것만으로는 본인 취향의 '세상에서 가장 맛있는 커피'를 찾기는 쉽지 않습니다.

그래서 이 책에서는 맛의 판정 기준을 사분면으로 나타내보고자 합니다. 이 사분면을 참고하여 자기 자신만의 맛을 파악하고 본인의 맛 취향에 효율적으로 도달할 수 있기를 바랍니다.

원래는 커피 전문가가 사용하는 다양한 지표가 존재하지만, 이 책에서는 되도록 많은 사람이 이해할 수 있는 맛 표현을 사용하여 더욱 간단하게 맛을 파악할 수 있도록 구성했습니다. 본인의 맛 취향을 알아보기 위해 참고해야 할 '맛의 길잡이'로 활용해주시기 바랍니다.

우선 다음 페이지의 [그림 02]를 참조해 주십시오.

그림 02 맛 판정표

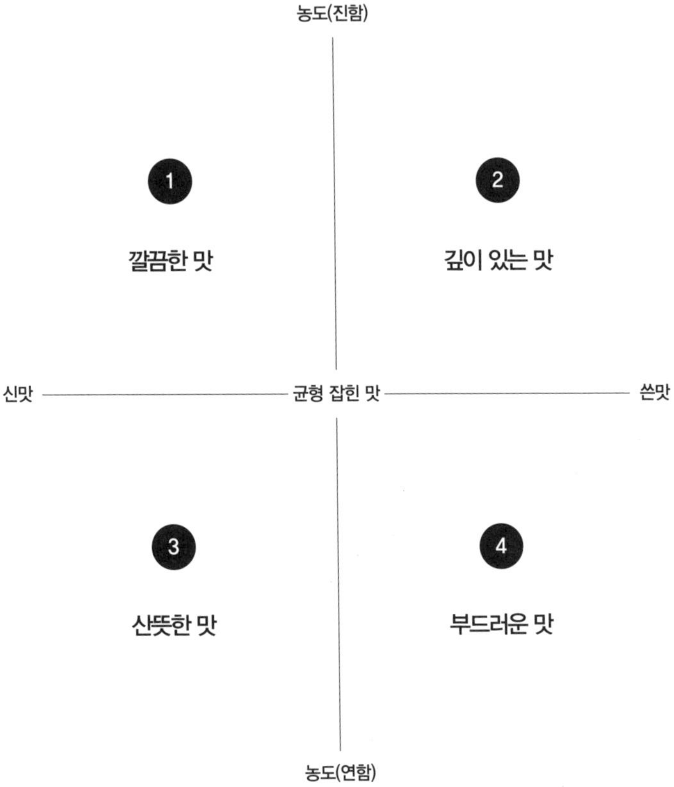

가로축은 '신맛과 쓴맛', 세로축은 '농도의 차이'로 설정했습니다. '로스팅'은 커피 맛에 큰 영향을 주는데 극단적으로 표현하자면 로스팅에 따라 커피에서 쓴맛이 나기도 하고 신맛이 나기도 합니다.

쓴맛이나 신맛은 누구나 아는 맛 표현이기 때문에 적어도 '이 커피는 재스민 향이 난다'라는 표현보다는 객관적으로 판단할 수 있는 지표라고 할 수 있습니다.

다음으로 객관적으로 쉽게 판단할 수 있는 지표는 '농도감'입니다. 농도감은 말 그대로 '진한지, 연한지' 여부이므로 액체의 농도감 역시 판단하기 쉬운 지표라고 할 수 있습니다. 농도감은 커피 맛에 큰 영향을 주므로 신맛이나 쓴맛과 함께 중요하고 명확한 지표가 됩니다.

또 농도감과 신맛, 쓴맛의 조합에 따라 뚜렷해지는 것이 바로 '뒷맛'입니다. 뒷맛도 맛의 지표로서 일반적이므로 '깔끔한 맛', '깊이 있는 맛', '산뜻한 맛', '부드러운 맛'으로 분류했습니다. 또한 모든 요소를 적절히 모두 갖춘 맛은 중심에 있는 '균형 잡힌 맛'을 나타냅니다.

깔끔한 맛은 신맛과 진한 농도, 깊이 있는 맛은 쓴맛과 진한 농도, 산뜻한 맛은 신맛과 연한 농도, 부드러운 맛은 쓴맛과 연한 농도에서 생겨난다고 정의했습니다.

즉 신맛과 쓴맛, 농도 차이의 조합에 따라 결과로 나타나는 뒷맛의 표현도 바뀌는 셈이죠. 예를 들면 깊이 있는 뒷맛의 커피가 좋은 사람은 ❷의 주변부를 목표로 맛을 조절해나가야 합니다.

구체적으로는 로스팅 정도가 진한(쓴맛) 원두를 선택하여 입자의 크기를 작게 만들면(농도를 높이면) 한층 더 깊이 있는 뒷맛의 커피를 만들 수 있는데 이런 기술에 관한 내용은 나중에 자세히 설명해 드리겠습니다.

앞서 설명했듯이 생산국, 품종 등의 여섯 가지 요소로 맛의 인상이 크게 달라지는데 그 이유를 밝혀낼 수 있게 되면 '깔끔한 맛', '깊이 있는 맛', '산뜻한 맛', '부드러운 맛' 중에서 어떤 뒷맛이 취향인지에 따라 분별할 수 있습니다.

따라서 맛의 판정 기준은 이 네 가지 기준으로 생각하면 편리합니다.

본인 취향의 커피를 찾는 데 가장 중요한 점은 자신의 맛 취향을 말로 표현할 수 있는지에 달렸습니다. 그래서 이 책에서는 근간이 되는 맛의 지표에 일반적이며 익숙한 표현을 이용했습니다.

네 가지의 뒷맛을 판정 기준으로 두고 취향에 맞는 세상에서 가장 맛있는 커피를 어떻게 만들 수 있는지는 다음 장에서 단계적으로 설명하고자 합니다.

그림 03 네 가지 뒷맛의 정의

	뒷맛	해설
1	**깔끔한 맛**	농도감이 있고 신맛이 강한 맛을 '깔끔한 맛'으로 정의한다. 이 책에서 '깔끔한 맛'은 뒷맛의 여운이 오래가지 않고, 신맛과 함께 상큼하게 마무리되는 맛을 나타낸다.
2	**깊이 있는 맛**	깊이 있는 맛은 다섯 가지 맛(단맛, 신맛, 쓴맛, 짠맛, 감칠맛)이 강한 상태로 다양한 요소가 관련되어 있는데 그중에서도 농도감이 중요하다. 따라서 이 책에서는 농도감이 있는 쓴맛과 합쳐졌을 때 깊이 있는 맛이 생겨난다고 정의한다.
3	**산뜻한 맛**	적당한 신맛과 연한 농도에서 생겨나는 맛을 '산뜻한 맛'으로 정의한다. 농도가 연하면 액체 자체의 무게 정도가 가벼워져서 상큼한 신맛과 함께 산뜻한 청량감을 뒷맛으로 느낄 수 있다.
4	**부드러운 맛**	은은한 쓴맛과 연한 농도감에서 생겨나는 맛을 '부드러운 맛'으로 정의한다. 또 연한 농도감과 은은한 쓴맛이 부드러운 맛을 느끼는 뒷맛으로 이어진다고 정의한다.
	균형 잡힌 맛	신맛과 쓴맛의 균형을 잡아 농도감이 너무 높지도 낮지도 않고 모든 맛을 적절하게 갖춘 뒷맛을 의미한다.

Column

복잡한 맛을 풍미로 표현하다

와인이나 초콜릿 세계에서는 재료의 맛을 '마치 ~~를 연상시키는 맛이다'라고 표현하고는 합니다. 커피도 마찬가지입니다. 예를 들면 '재스민 같다'라거나 '딸기 같다'라고 표현되는 커피도 있죠. 이처럼 맛을 평가하는 방법은 전문 용어로 '커핑'이라 부릅니다.

간단히 설명하자면 커피 가루의 향을 확인한 후 끓인 물을 부어서 커핑볼(테이스팅 전용 그릇)에서 피어오르는 향을 확인하고, 웃물을 제거한 후 뜨거울 때부터 식을 때까지 맛을 본 후 그 품질을 평가합니다.

그때 커핑 스푼이라는 커다란 숟가락으로 커피를 후루룩 마셔서 입 안에서 미스트 상태로 만들어서 머금은 후 섬세한 맛까지 빠짐없이 평가합니다. 커피 전문점에서 로스팅 원두를 구매할 때 '초콜릿 맛', '재스민 맛'이 난다고 표기된 상품의 설명 카드를 한 번쯤 보신 적이 있으실 텐데 그것은 커핑에 따라 평가된 '플레이버 프로파일(Flavor profile; 커피 감별 시 표현되는 표현법 중 하나로 커피를 입안에 머금었을 때의 전체적인 느낌과 풍미)'이라는 평가입니다.

실제로 초콜릿이나 재스민의 향료가 들어간 커피를 판매하는 것이 아니라 그런 향을 떠오르게 하는 커피라는 표현의 일종이죠. 주로 사용되는 풍미의 종류는 크게 나누면 다음과 같습니다.

- 과일 계열
- 꽃 계열
- 초콜릿 계열
- 견과류 계열
- 향신료 계열

과일 계열과 꽃 계열은 '깔끔한 맛', '산뜻한 맛'으로 느끼기 쉽고, 초콜릿 계열과 견과류 계열, 향신료 계열은 '깊이 있는 맛', '부드러운 맛'으로 느끼기 쉽습니다.
과일 계열이나 꽃 계열의 풍미를 보통 '깔끔한 맛', '산뜻한 맛'으로 느끼는 이유는 그 두 가지 계열이 보통 신맛으로 연상되는 풍미를 지니고 있기 때문입니다. 따라서 로스팅 정도가 연한 원두에서 쉽게 느낄 수 있죠. 또한 꽃의 향기를 연상시키는 화학 물질은 휘발성이 높은 물질이므로 로스팅이 진할수록 느끼기 어렵습니다.

초콜릿 계열, 견과류 계열, 향신료 계열의 풍미는 보통 '깊이 있는 맛', '부드러운 맛'으로 느끼는데 로스팅 정도가 진할 때 생기는 쓴맛과 고소함 때문에 초콜릿이나 견과류와 같은 향을 쉽게 느낄 수 있습니다. 향신료 계열의 향은 생산국이나 가공법에 따라 달라지는데 그중에서도 인도네시아의 커피가 향신료 계열로 자주 인용됩니다.
원두를 구매할 때 만약 풍미로 고민이 될 때는 로스팅 정도에 따라 본인 취향에 맞게 맛을 대략 유추하면 잘못 선택하는 일이 적습니다. 마찬가지로 풍미 표현을 배우고 싶다면 로스팅 정도에 따른 풍미의 경향을 파악한 후에 풍미를 유추하는 방법이 가장 적합할 것으로 생각됩니다.

Chapter 1

맛을 결정짓는 원두의 마력

'원두의 3원칙'을 아는 자가
커피를 지배한다

이 장에서 알 수 있는 내용

- '생산국'별 맛의 특징
- '품종'에 따른 맛의 차이
- '가공법'으로 달라지는 풍미 특성

{커피는 재료가 생명 - 가장 처음 확인해야 할 사항}

맛있는 커피를 추출하기 위한 첫걸음은 뭐니 뭐니 해도 '재료 선택'입니다. 즉 요리와 똑같이 얼마나 좋은 재료를 손에 넣을 수 있느냐가 중요하죠. 예를 들면 아무리 성능이 좋은 밥솥을 갖고 있어도 쌀의 품질이 안 좋으면 품질 이상의 맛을 낼 수 없습니다.

결국 맛있는 커피를 추출하는 첫걸음은 훌륭한 재료를 선택하는 것에서부터 시작됩니다. 그렇다면 어떻게 해야 좋은 재료를 선택할 수 있을까요? 우선 다음의 세 가지 사항을 기준으로 삼아보십시오.

❶ 원두의 자세한 정보가 기재되어 있는가?

우선적으로 커피 브랜드에 주목해보십시오. 정보가 자세하게 기재된 물건이 좋은 재료일 가능성이 큽니다. 특히 나라 이름만 쓰여 있는 경우는 주의해야 합니다. 예를 들어 '브라질'이라고만 표기된 경우가 있는데, 브라질은 우리나라의 몇 배나 더 넓습니다. 쌀로 바꿔서 생각해보면 생산 정보에 '대한민국'이라고만 표기되어 있다는 뜻인데 정보가 너무 제한적이죠.

그와는 반대로 나라 이름뿐만 아니라 재배 지역, 농장 이름, 생산자 등의 자세한 정보가 기재되어 있는 경우는 더 좋은 커피로 기대해볼 수 있습니다.

이렇게 정보에 집착하는 이유는 정보가 더욱더 명확한 커피가 투명성이 높은 거래를 바탕으로 매입된 커피일 가능성이 크기 때문입니다. 투명성이 높은 거래라면 바이어가 현지까지 직접 가서 매입해왔거나 신뢰할 수 있는 수입업자가 매입해온 커피일 가능성이 큽니다.

특히 스페셜티 커피의 세계에서는 추적 과정을 중시하여 고품질의 커피는 언제, 누가, 어떻게 재배한 커피인지 쉽게 알 수 있는 시스템으로 이루어져 있습니다. 따라서 되도록 정보가 명확한 커피를 찾으면 커피 선택에 걸리는 시간이 확연히 줄어들 것입니다.

❷ 로스팅 날짜가 기재되어 있는가?

다음으로 중요한 사항은 로스팅 날짜입니다. 커피는 맛이 잘 변하지 않는다고 생각하는 소비자가 많이 있습니다. 하지만 그렇지 않습니다. 커피는 신선 식품입니다. 보관 방법에 따라 달라지지만, 시간이 경과할수록 커피의 풍미와 맛은 서서히 안 좋아지죠.

식품에 바람직한 섭취 시기가 있듯이 커피에도 적절한 섭취 시기가 있습니다. 그래서 구매 전에 꼭 확인해야 할 사항은 로스팅 날짜 기재의 유무입니다. 만약 사려던 커피가 로스팅 날짜로부터 몇 개월이나 지난 커피라면 구매를 추천하지 않습니다.

커피의 섭취 시기는 로스팅 방법이나 보관 방법, 원두로 구매할지 가루로 구매할지에 따라 달라지지만, 원두로 구매해서 상온 보관했다면 로스팅 후 약 1개월, 품질에 크게 신경을 쓴다면 2주 정도가 적당합니다. 열악한 환경에서 보관하고 가루로 구매한 경우에는 그보다 훨씬 줄어듭니다.

따라서 같은 금액을 주고 산다면 유통기한이 긴 '원두' 상태로 구매하기를 추천합니다. 로스팅 날짜 확인은 매우 중요한 작업입니다. 로스팅 날짜를 살펴보고 구매하는 것은 물론 신선하고 맛있을 때 모두 소화할 수 있는 양만큼씩 사는 버릇을 들이십시오.

“커피는 재료가 생명

원두의 품질이 안 좋으면
그 이상의 맛을 낼 수 없다.”

③ 원두가 정기적으로 교체되고 있는가?

또한 '매장'을 잘 살펴보는 기술도 매우 중요합니다. 생두 본래의 신선함도 중요한 요소이지만, 소비자 측면에서 아무리 봐도 알 수 없는 정보도 있습니다.

그래서 시도해봐야 할 방법은 '매장의 커피 원두가 정기적으로 교체되고 있는지 확인'하는 것입니다. 고품질의 커피를 다루는 로스터(Roaster, 커피를 볶아서 파는 회사나 볶는 사람)의 생두는 기본적으로 '완판'됩니다. 블렌드 커피(Blend coffee, 좋은 맛과 향기를 찾기 위해 여러 품종의 커피 원두를 섞은 커피) 등 일 년 내내 제공되는 상품을 제외하고 싱글 오리진[2]은 그 해에 수확된 커피가 없어지면 그것으로 판매가 종료됩니다.

커피는 수확 시기가 생산국마다 다릅니다. 따라서 커피 원두가 수입되어 매장에 진열될 때까지의 시기가 생산국마다 다르므로 정기적으로 매장의 커피 원두가 교체됩니다.

예를 들면 중미의 커피가 매장에 진열되기 시작하는 시기는 가게 측의 재고 상황이나 수입 방법에 따라 다르겠지만, 여름부터 가을

---

2. 생산국 단위(스트레이트 커피)가 아니라 농장, 조합, 품종 등 더 작은 단위로 인식하는 커피

즈음이 일반적입니다. 즉 같은 브랜드가 일 년 내내 재고로 있는 상황은 품질적으로는 바람직하지 않습니다. 정기적으로 커피 원두가 교체되는 로스터는 신선한 생두를 사용할 가능성이 크다고 생각할 수 있습니다. 따라서 다음의 세 가지 사항을 원두 선택의 기준으로 염두에 두시기를 바랍니다.

원두의 정보 ➡ 생산국 이외의 정보도 있는가?

보관 기간 ➡ 로스팅 후 시간이 얼마나 경과했는가?

매장 상황 ➡ 원두를 정기적으로 교체하고 있는가?

그러면 지금부터 프롤로그에서 소개했던 맛을 결정짓는 여섯 가지 요소 중 '맛 취향의 큰 틀'을 결정짓는 '생산국', '품종', '가공법'을 설명해드리겠습니다.

{'생산국'을 통해 대략적인 맛의 특징을 알아보다}

커피의 맛은 테루아르(Terroir, 토지 고유의 생육 환경), 마이크로 클라이메이트(Microclimate, 지면에 접한 대기층의 기후), 품종, 가공법, 로스팅, 추출 등 복잡한 공정을 거쳐 만들어집니다. 그래서 단순히 맛으로만 나라나 지역별로 세세하게 분류할 수 없어서 어떤 커피를 선택해야 할지 모르는 분들이 많습니다.

그런 분들을 위해서 익숙한 브랜드를 선택하고 지역별로 '맛 판별표'에 대응시키는 형태로 분류한 맛 가이드를 알려드리고자 합니다. 로스팅 정도는 미디엄 로스팅을 기준으로 삼았으므로 로스팅 정도가 진해지면 [그림 04]에서 전체적으로 우측으로 맛이 치우치고 로스팅 정도가 연해지면 좌측으로 맛이 치우친다는 점을 고려해서 응용해보시기 바랍니다.

그림 04 지역별 맛 분류

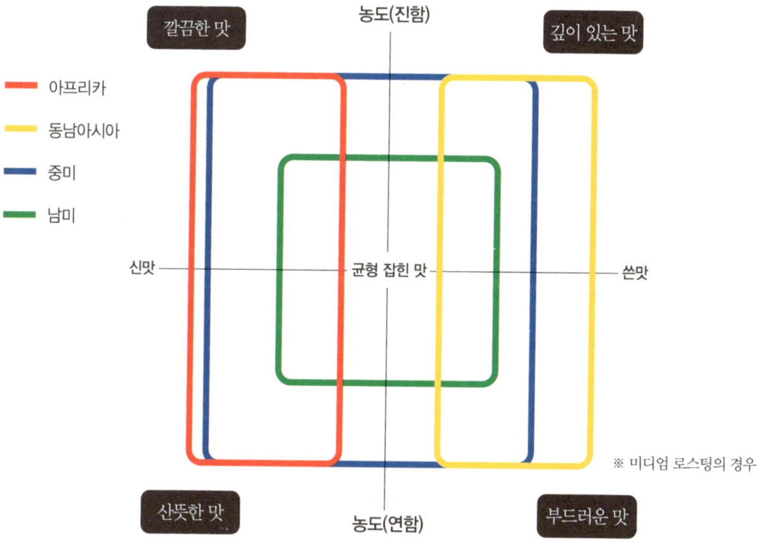

| 커피 원두의 주요 생산 지역 |

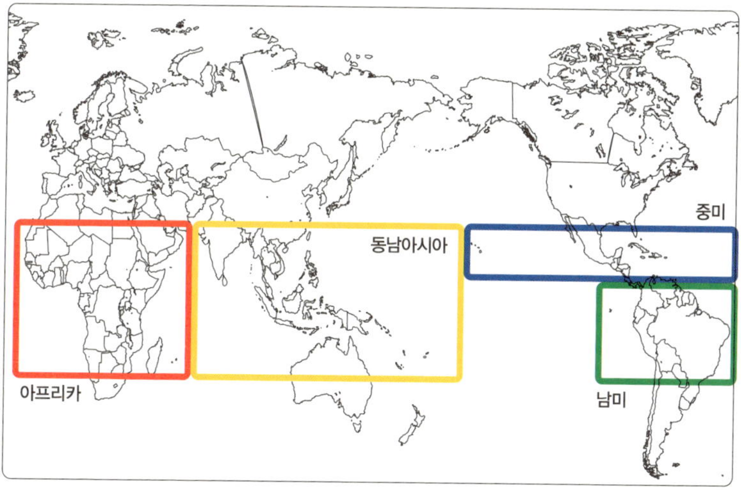

●● 남미(브라질, 콜롬비아 등)

균형 잡힌 맛 계열 '달콤함과 신맛의 균형'

브라질은 가장 익숙한 생산국 중 하나입니다. '커피라고 하면 브라질'이라고 해도 과언이 아닐 정도죠. 그런 브라질 커피는 균형 잡힌 맛과 부드러운 신맛이 특징적인 커피입니다.

콜롬비아 커피는 신맛과 단맛이 절묘한 균형을 이루는 절묘한 맛이 납니다. 이 두 브랜드의 남미 커피는 단맛과 신맛이 균형을 이루는 맛이 나지만, 신맛이 더 억제된 커피를 좋아하는 분께는 브라질 커피, 균형 잡힌 맛도 중요하지만 신맛을 선호하는 분께는 콜롬비아 커피를 추천해드립니다.

●● 중미(파나마, 과테말라 등)

깔끔한 맛과 산뜻한 맛 계열 '가볍고 상큼한 신맛과 과일 맛'

중미는 파나마, 과테말라, 코스타리카, 엘살바도르, 온두라스, 멕시코 등 수많은 명산지가 모인 지역입니다. 중미는 대체로 세계의 커피 산지 중에서도 해발 고도가 높은 지역이 많아 신맛과 풍미가 뛰어난 지역이 많습니다. 게이샤 커피를 대표하는 다양한 품종이 무수히 재배되는 것도 중미의 특징 중 하나입니다.

그러한 다양성 때문에 중미의 맛 특성을 하나로 묶기에 어려움이 따르지만, 38쪽 [그림 02]의 맛 판정표를 기준으로 따지면 깔끔한 맛과 산뜻한 맛 계열에 해당하며, 신맛이 나는 것이 특징입니다.

가벼운 맛이나 감귤계의 상큼한 신맛은 중미에서 재배한 커피의 큰 특징입니다. 중미는 신맛을 통해 과일 맛을 맛볼 수 있는 절호의 재배 지역이라 할 수 있습니다.

●● 아프리카(에티오피아, 케냐 등)

깔끔한 맛 계열 '향긋하고 농후한 향과 눈에 띄는 신맛'

아프리카를 대표하는 2대 산지라고 하면 케냐와 에티오피아를 빼놓을 수 없습니다. 특히 에티오피아는 '커피가 태어난 땅'으로 불리며 꽃처럼 우아한 향과 과일 맛으로 정평이 나 있습니다.

케냐 커피는 우리나라에도 두터운 팬층을 확보하고 있죠. 깔끔한 신맛과 감귤 계열 및 딸기 계열을 연상시키는 향이 많은 애호가를 사로잡았습니다. 에티오피아와 케냐 커피 모두 대체로 신맛이 나고 가볍다는 특징이 있습니다. 우아한 과일 맛 향과 신맛을 즐기고 싶다면 아프리카 계열의 커피를 추천해드립니다.

그림 05 지역별 맛 차이

	맛의 특징	나라	대표적인 생산 지역/브랜드
남미	**균형** 달콤함과 신맛의 균형	브라질 콜롬비아 에콰도르 페루 볼리비아	브라질/카르모 데 미나스 브라질/산투스 콜롬비아/후일라 콜롬비아/수프레모
중미	**깔끔한 맛, 산뜻한 맛** 가볍고 상큼한 신맛과 과일 맛	파나마 과테말라 코스타리카 엘살바도르 온두라스 멕시코 니카라과 자메이카	파나마/보케테 과테말라/안티과 코스타리카/탈라스 코스타리카/코스타리카SHB 엘살바도르/산타아나 온두라스/산타바바라 자메이카/블루마운틴 하와이(미국)/코나
아프리카	**깔끔한 맛** 향긋하고 농후한 향과 눈에 띄는 신맛	케냐 에티오피아 르완다 부룬디 탄자니아	케냐/니에리 에티오피아/시다모 에티오피아/모카 탄자니아/킬리만자로 예멘(중동)/모카 마타리
동남아시아	**깊이 있는 맛** 바디감과 쓴맛의 중후한 풍미	인도네시아 베트남 태국 필리핀	인도네시아/수마트라섬 인도네시아/만델링 중국/윈난

●● 동남아시아(인도네시아 등)

깊이 있는 맛 계열 '바디감(깊이감 있는 묵직한 맛 - 역주)과 쓴맛의 중후한 풍미'

동남아시아의 생산국으로 가장 유명한 브랜드는 '만델링(Mandheling)'이라는 인도네시아 커피입니다. 인도네시아 커피는 한마디로 표현하자면 '강력한 맛'이 특징입니다.

흙에서 나는 듯한 향기, 중후함이 있는 바디감, 적당한 쓴맛이 조화를 이루는 독특한 커피입니다. 프렌치 로스팅에도 적합하여 쓴맛과 깊이 있는 맛, 이국적인 향기를 즐기고 싶은 분께 추천해드리는 브랜드입니다.

{ 커피는 식물. '품종'에 따라 맛이 바뀐다 }

커피는 식물의 씨앗이라는 사실을 알고 계시나요? 커피는 '피자식물문 쌍떡잎식물강 국화아망 꼭두서니목 꼭두서니과 커피나무속'으로 분류되어 있습니다. 품종마다 다르지만, 보통 숙성되면 빨간색과 노란색의 아름다운 열매가 열립니다.

그 열매를 커피 체리라 부르며 보통은 열매 안에 2개의 씨앗이 생깁니다. 이 씨앗이 바로 우리가 평소에 자주 접하는 커피입니다. 참고로 이 커피 체리를 먹는 것(먹을 수는 있지만, 과육이 거의 없습니다)은 커피 업계 종사자에게는 꿈같은 일로 잘 숙성된 커피 체리는 당도가 농밀한 단맛을 내는데 종류에 따라 파파야와 비슷한 독특한 맛이 납니다.

또한 커피나무의 발육은 경도, 해발 고도, 기온, 강수량, 일조량, 토양 등 수많은 환경 요인(테루아르)에 영향을 받습니다. 커피나무는 상록수 잎을 가진 관목으로 야생 상태에서는 10m가 넘는 높이까지 성장하기도 합니다. 농장에서는 편하게 수확하기 위해 약 2m 정도의 높이로 가지치기를 하는 경우가 많습니다. 평균적으로 커피나무는 수명이 긴 편으로 길면 80년, 일반적으로 30년 정도 사는데 개중에는 원생림에서 100년 이상 사는 나무도 있다고 합니다. 그 주기는 씨앗의 발아부터 시작되며 개화 그리고 열매라는 흐름으로 분류됩니다. 품종에 따라 다르지만, 생산성이 높은 품종은 3년 만에 본격적으로 수확할 수 있는 속도로 성장합니다. 커피나무는 콜롬비아 등 적도에 가까운 국가를 제외하고 보통 일 년에 한 번 열매가 열립니다. 비가 내린 후에는 하얀 꽃이 피고 그 후에 열매가 열립니다. 이 꽃은 마치 재스민과 같은 향을 풍겨 개화 시기의 농장을 방문하면 농장 안에 재스민 향이 감돕니다. 커피 꽃으로 하얗게 물든 농장은 재스민의 우아한 향도 어우러져 매우 환상적인 광경을 자아냅니다.

커피는 다양한 종과 아종을 아우르는 매우 독특한 식물입니다. 종과 아종을 다양하게 아우른다는 것은 다른 말로 하자면 커피의 풍미도 다양하다는 뜻입니다.

{'테루아르 × 품종'이 유일무이한 맛을 낸다}

커피나무는 우리에게 익숙한 종으로 다음과 같이 크게 둘로 분류할 수 있습니다.

① 코페아 카네포라(Coffea canephora)

② 코페아 아라비카(Coffea arabica)

코페아 카네포라는 '로부스타(Robusta)'라는 명칭으로 잘 알려져 있습니다. 로부스타종은 아라비카보다 생산량은 많지만, 품질 면에서는 떨어진다고 알려져 있습니다. 하지만 병해에 강하고 생산도 비교적 안정적이어서 캔 커피나 인스턴트 커피를 대표하는 가공용 작물로 주로 소비됩니다.

코페아 아라비카는 우리가 일반적으로 알고 있는 '아라비카종'을 의미합니다. 아라비카는 로부스타보다 생산량이 적고 병해에 약하지만, 대부분 고품질 커피가 이 아라비카종에서 생산됩니다. 사실 아라비카종은 수많은 품종이 있으며 그 품종에 따라 풍미의 특성 차이가 큽니다.

인종에 따라 사람의 외관적 특징이 다르듯이 커피나무의 모양, 나뭇잎 색, 커피 체리의 색이나 모양 등 품종에 따라 겉모습이 상당히 다릅니다.

놀랍게도 품종에 따라 커피의 맛도 크게 달라진다는 것입니다. 지금까지 나라 이름을 기준으로 커피 원두를 선택했던 분께 이 책을 통해 품종으로 선택하는 즐거움을 꼭 만끽할 수 있기를 바랍니다.

그렇다면 현재 세계를 석권하는 가장 유명한 품종은 무엇일까요? 바로 '게이샤종'입니다. 게이샤종이란 에티오피아의 게이샤라는 마을에서 발견된 에티오피아 원산 품종입니다. 게이샤종은 55쪽 [그림 04]에서 보이고 있는 맛 분류 중에서 '깔끔한 맛과 산뜻한 맛'의 범주에 해당하는 맛이 특징입니다. 향수나 꽃처럼 화려한 향, 과일의 새콤달콤한 맛이 특징인 품종이죠.

이 게이샤종이 주목을 받게 된 계기는 2004년에 중미의 파나마에서 열린 '베스트 오브 파나마'라는 품평회에서 에스메랄다 농장이 이 품종을 출품하면서 부터였습니다. 앞서 언급했듯이 놀라울 만한 풍미와 과일의 새콤달콤한 맛에 많은 심사위원이 높은 평가를 주었고 그 이후 전 세계 시장에서 고가로 거래되는 품종이 되었습니다.

또한 세계에서 가장 가격이 비싼 품종도 바로 이 게이샤종입니다. 2019년 베스트 오브 파나마의 경매에서 세계에서 가장 비싼 커피의 가격이 갱신되었습니다. 그 가격은 무려 1파운드당 1,029달러였습니다. 뉴욕 선물시장의 평균 거래액이 1달러보다 조금 낮다는 점을 고려하면 1,000배의 고액에 거래된 셈입니다.

또한 경이로운 가격이 붙은 커피 역시 파나마와 에티오피아에 농장이 있는 회사가 중동의 회사를 상대로 판매한 게이샤종이었습니다. 판매 가격은 무려 1kg당 1만 달러였죠. 단순히 생두 원가만 고려해도 1g당 10달러인 셈입니다.

예를 극단적으로 들기는 했지만, '게이샤종'이 전 세계에 큰 트렌드로 자리매김했다는 것에는 변함이 없습니다. 그럼에 따라 파나마뿐만 아니라 그 외 생산국에서도 게이샤종을 재배하기 시작했으니 앞으로는 게이샤종의 다양한 특징과 각국의 테루아르를 동시에 즐길 수 있을지도 모르겠습니다.

게이샤종뿐만 아니라 커피에는 다양한 품종이 있습니다. 당연히 품종마다 맛도 다릅니다. 지금까지 생산량과 내병성 중시의 품종 개발과 선정이 역사적으로 진행되어왔던 것도 사실이지만, 스페셜티 커피가 나타나면서 품종이 가진 풍미도 주목을 받기 시작했습니다.

스페셜티 커피 재배에서 중요한 사항은 '테루아르와 품종 매칭'입니다. 품종에 따라 해발 고도나 기온, 온도 등 섬세한 조건으로 그 생육 상황과 품질이 크게 변화하여 소비자를 사로잡는 독특한 풍미를 만들어냅니다.

그림 06 대표적인 품종

종	품종
아라비카종	티피카 부르봉 카투라 카투아이 게이샤 마라고지페 파카스 파카마라 자바 수단 루메 모카 SL28
카네포라종	로부스타
하이브리드 (아라비카종과 카네포라종의 교배)	파라이네마 카티모르 카스티조

{풍미의 특성을 결정짓는 '가공법'}

커피 원두는 씨앗이므로 씨앗을 열매에서 분리하는 작업이 필요합니다. 이를 가공법 또는 프로세스라고 합니다.

품종이 맛에 미치는 영향과 마찬가지로 가공법에 따라서도 맛이 크게 변화합니다. 예를 들면 같은 농장에서 재배하고 같은 구획에서 수확된 같은 품종의 커피 원두에 가공법만 달리해도 전혀 다른 맛이 납니다.

최근에는 소규모 로스터나 세계대회에 참가하는 바리스타가 직접 농장을 방문하여 극소량의 품종을 재배하는 경우도 많지만, 대부분은 가공법에 노력을 기울이는 경우가 많습니다.

품종도 맛에 큰 영향을 미치지만, 커피 품종은 결국 자연의 산물이므로 맛도 자연환경에 따라 달라집니다. 가공법은 과학적인 측면이 강하여 연구에 따라 상상도 할 수 없는 풍미가 생기기도 합니다.

와인 제조법에서 힌트를 얻은 '탄소 메서레이션(Carbonic maceration,

이산화탄소를 넣고 발효하는 방법 – 역주)' 등 근현대적인 방법으로 시행되었던 가공법을 현대적인 접근으로 해석한 독창적인 가공법도 생겨났습니다. 그 정도로 가공법이 맛에 미치는 영향이 커서 생산자에도 맛을 표현할 여지가 있는 영역이라 할 수 있습니다.

가공법은 다음과 같이 크게 세 종류로 분류할 수 있습니다.

① 워시드(물 세척 처리)

② 내추럴(태양 건조)

③ 펄프 내추럴(하이브리드형)

❶ 워시드(물 세척 처리)

워시드란 물 세척 처리라는 뜻으로 말 그대로 물로 씨앗을 빼내는 방법입니다. 대략적인 순서는 다음과 같습니다.

(1) 커피 체리의 껍질을 벗긴다.

(2) 물을 담은 탱크에 몇 시간에서 몇십 시간 발효시킨다.

(3) 물로 씻는다.

(4) 건조한다.

워시드는 고품질 커피의 세계에서 애용되는 제조법으로 신맛을 두드러지게 만들고 섬세한 풍미를 끌어내어 재료 고유의 맛을 살리는 최적의 가공법입니다. 로스팅 정도를 연하게 하면 산뜻한 맛이 되고, 진하게 하면 부드러운 맛이 되는 것이 특징입니다.

❷ 내추럴(태양 건조)

내추럴이란 태양 건조라는 뜻으로 수확 후 커피 체리를 파티오라는 콘크리트 건조장에서 그대로 건조하거나 아프리칸 베드라는 건조대에 올려서 건조하는 가공법을 가리킵니다.

대체로 며칠부터 몇 주간에 걸쳐서 건조합니다. 내추럴은 물을 사용하지 않는 방식이므로 환경 부담이 적은 방식이라 할 수 있습니다. 단 생산량 중시로 단기간에 건조한 내추럴은 품질적으로 문제가 있는 경우가 많으므로 스페셜티 커피의 세계에서는 천천히 시간을 들여서 수분 함유율을 줄여나가는 방법이 이상적이며, 그중에는 그늘 건조 등을 포함하여 약 한 달의 시간을 들이면서 천천히 건조하는 방법도 있습니다.

내추럴은 로스팅 정도를 연하게 하면 깔끔한 맛이 되고, 진하게 하면 깊이 있는 맛이 됩니다. 품질이 좋은 내추럴 커피는 강한 과일 맛과 놀라울 정도의 풍미가 특징적입니다. 그러나 과일 향은 건조 단계의 발효 온도와도 높은 관련이 있으므로 내추럴이라고 해서 일괄적으로 과일 향을 기대할 수 있는 것은 아닙니다.

❸ 펄프 내추럴(하이브리드형)

펄프 내추럴이란 최근에 생긴 가공 방법으로, 전용 기계로 껍질을 벗긴 후 점액질을 첨가한 상태에서 건조시키는 방법입니다. 코스타리카에서는 이를 허니 프로세스라 부르죠. 워시드와 내추럴의 중간에 위치한 가공법으로 맛도 워시드와 내추럴 특징을 모두 겸비하고 있습니다.

로스팅 정도를 연하게 하면 워시드 정도는 아니지만 산뜻한 맛이 되고, 진하게 하면 내추럴 정도는 아니지만 깊이 있는 맛이 됩니다.

사분면의 맛 판정표에 대응시켜 가공법을 그림으로 나타내면 [그림 07]과 같습니다. 가공법의 차이를 단순히 반영할 수는 없지만, 로스팅 정도에 따른 영향도 가미하여 작성했습니다.

이처럼 가공법은 맛에 절대한 영향을 줄 뿐만 아니라 생산자의 기대나 의도를 느낄 수 있는 매우 흥미롭고 예술적인 맛 제작 작업이라 할 수 있습니다.

그림 07 가공법에 따른 맛의 차이

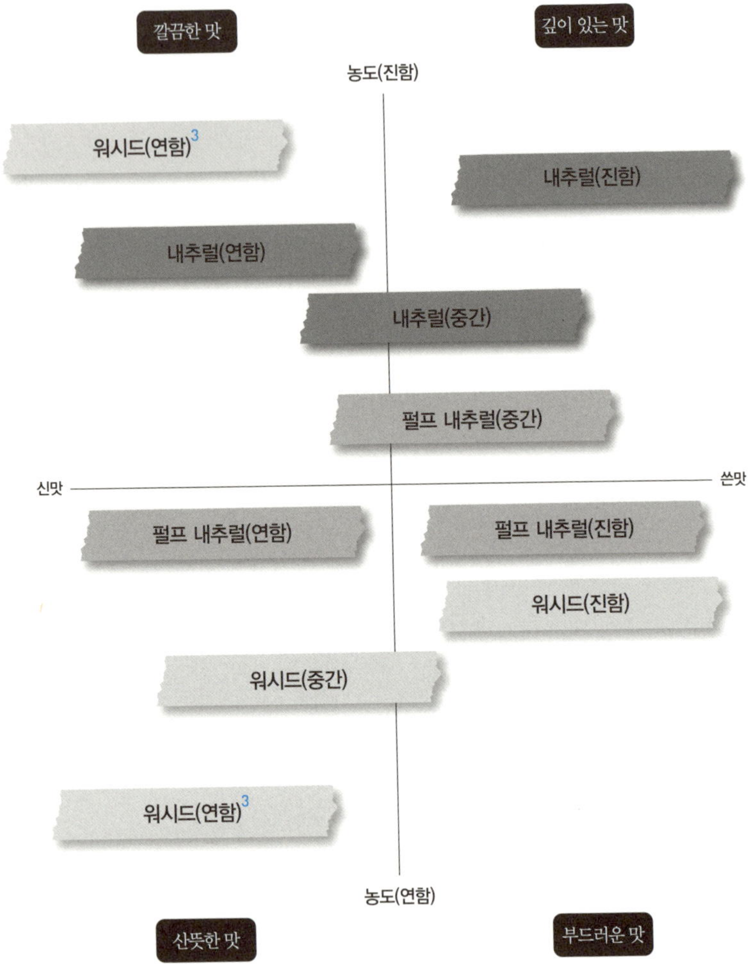

3. 생산국에 따라서는 '깔끔한 맛', '산뜻한 맛'이라는 뒷맛에 모두 해당하는 워시드 프로세스가 있습니다.

Column

혁신의 돌풍을 일으키는 생산 현장

스페셜티 커피가 탄생함에 따라 많은 생산자가 자신의 재배 방법을 개선하고 과학적 지식을 바탕으로 재배와 가공법에 힘쓰게 되었습니다. 예를 들면 볼리비아의 어느 지역에서는 '커피는 신의 뜻'이라고 생각하여 제대로 된 농업 기술을 활용하지 않고 커피를 재배했었습니다.
당연히 가지치기나 토양 관리도 하지 않아서 커피나무는 매년 피폐해져 한 그루에서 10알도 수확하지 못할 때도 있었죠. 또 병해 위험성도 높아서 커피나무가 전멸하는 일도 있었다고 합니다.

그런 환경 속에서 과학적인 지식을 바탕으로 토양 관리나 가지치기를 철저히 진행하는 생산자도 생겨났습니다. 타국에서 농학 박사를 컨설턴트로 초빙하여 올바른 재배 방법을 배워 압도적인 수확량과 품질을 실현해냈죠. 그리고 그러한 지식을 정보 접근성이 떨어지는 생산자에게 차별 없이 공유하면서 볼리비아 커피의 미래를 위해 싸워온 생산자도 있습니다.

코스타리카는 예전에 워시드 프로세스가 주류였지만, 발효 처리 후 물 폐기 관련 문제가 떠오르면서 환경 파괴가 우려된 정부에서 워시드 프로세스를 금지했습니다. 그 영향으로 일시적으로 코스타리카의 커피 품질이 떨어졌던 시기가 있었습니다.

그 덕분에 탄생한 것이 바로 허니 프로세스입니다. 허니 프로세스는 물을 거의 사용하지 않고 워시드에 가까운 맛을 구현해낼 수 있습니다. 그 결과 환경에도 부담이 적고 맛도 향상할 수 있었습니다. 그야말로 허니 프로세스는 코스타리카의 대명사인 셈입니다.
이처럼 환경 문제나 전통적 가치관과 마주하면서 품질을 다음 단계로 향상시키는 생산자 덕분에 우리는 오늘도 맛있는 커피를 마실 수 있는 것입니다.

앞서 언급했던 '탄소 메서레이션'으로 대표되는 가공법도 눈부신 발전을 이루어 냈었습니다. 탄소 메서레이션은 우선 커피 체리의 껍질을 벗기고 스테인리스 탱크 안에 체리를 넣은 후, 밀폐 상태의 탱크 속에 이산화탄소를 주입하여 탱크 속 산소를 모두 빼내서 혐기성 발효에 가까운 상태로 발효를 진행합니다.
발효 중에도 엄중히 온도 관리가 이루어져 발효 상태의 기준이 되는 pH를 기준으로 가공법 공정을 치밀하게 제어합니다. 혐기성에 가까운 환경이기 때문에 활동할 수 있는 미생물에 따라 호기성 환경과는 다른 대사 물질이 생성됩니다. 따라서 호기성 환경에서는 느낄 수 없는 독특한 풍미가 탄생하죠.

전통적인 가공법을 기준으로 보자면 대부분 발효하는 탱크는 실외에 설치하며, 콘트리트 소재가 많습니다. 이럴 때는 발효하는데 외부 기온의 영향을 크게 받아 원하는 대로 발효가 진행되지 않거나 너무 많이 발효되어 생각처럼 가공법을 제어할 수 없을 수 있습니다.

지금까지 감각이나 경험에 의존했던 부분을 수치화하고 이론적이고 과학적으로 커피와 마주하는 것 또한 더 좋은 품질의 커피를 생산하는 데 한몫합니다.

이러한 일련의 흐름으로 인해 로스터나 바리스타가 적극적으로 농장을 방문하여 품질 향상에 함께 힘쓰는 움직임이 큰 역할을 다하고 있습니다. 소비자의 니즈를 잘 아는 로스터와 바리스타가 커피 시장의 대변자가 되어 원하는 커피의 맛과 마셔보고 싶은 커피의 맛에 관해 구체적으로 생산자와 의사소통함으로써 이 세상에 존재하지 않았던 맛의 커피를 만들어냅니다.

로스터와 바리스타는 이를 실현하기 위해 대학교나 식품 관련 기업과 협동하여 그곳에서 얻은 지식을 생산 현장으로 가져와서 몇 년에 걸쳐서 지속적으로 힘쓰고 있습니다.
또한 생산자는 와인이나 위스키 등 다른 분야도 참고하여 지금껏 보지 못했던 풍미와 맛을 찾기 위해 오늘도 훌륭한 커피를 생산해내고 있습니다.

Chapter 2

로스팅의 마법

이 장에서 알 수 있는 내용

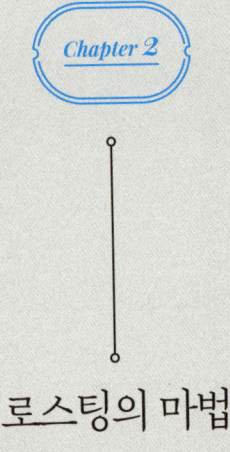

- 로스팅과 맛의 상호 작용
- 신선함을 유지하는 보관 방법
- 아침, 점심, 저녁별 최상의 레시피

원두의 잠재력을 깨워줄
로스팅 매직

{로스팅 정도의 지표는 상당히 모호하다}

커피를 즐기기 위해서 결코 빼놓을 수 없는 중요한 공정이 있습니다. 그것은 바로 로스팅입니다.

해외에서 우리나라로 커피를 들여올 때는 생두 상태로 들여옵니다. 생두는 연한 녹색을 띠고 있는데 그 상태로는 커피로 끓여 마실 수 없습니다. 우리에게 익숙한 녹갈색이나 흑갈색이 되려면 로스팅이라는 작업이 필요합니다.

로스팅이란 커피 원두를 볶아서 생두에 포함된 화학 성분을 변화시킴으로써 휘발성 커피다운 향과 단맛, 신맛, 쓴맛으로 대표되는 커피의 맛을 끌어내는 작업입니다.

로스팅은 로스팅 시간과 온도에 따라 크게 '라이트 로스팅', '미디엄 로스팅', '프렌치 로스팅'으로 로스팅 정도를 분류할 수 있습니다. 일반적으로 라이트 로스팅은 신맛을 강하게 만들고 프렌치 로스팅은 쓴맛을 강하게 만듭니다.

커피는 로스팅하지 않고는 마실 수 없습니다. 로스팅은 커피의 풍미 특성과 맛을 구성하는 아주 중요한 공정으로 커피 가게의 스타일과 맛의 방향성을 느낄 수 있는 공정이라 할 수 있습니다.

커피 전문점에 가면 다음과 같은 8단계로 로스팅 정도를 표기한 모습을 자주 찾아볼 수 있을 것입니다.

라이트 로스팅 ➡ ❶ 라이트 / ❷ 시나몬

미디엄 로스팅 ➡ ❸ 미디엄 / ❹ 하이

프렌치 로스팅 ➡ ❺ 시티 / ❻ 풀시티 / ❼ 프렌치 / ❽ 이탈리안

그러나 이 8단계의 로스팅 정도는 일부 기업을 제외하고 명확한 기준이 정해져 있지 않으며 가게에 따라서도 해석이 다릅니다.

애초에 로스팅은 주관적인 척도로 결정되어 사실 무엇을 보고 프렌치 로스팅이나 라이트 로스팅이라고 하는지 국제적 기준은 없습니다(애그트론 값이나 L값 등의 수치 관리 지표를 도입하여 로스팅 정도를 수치로 관리하는 기업도 있습니다).

미디엄 로스팅을 좋아한다고 하더라도 다른 가게에서는 미디엄 로스팅이 라이트 로스팅이나 프렌치 로스팅의 범주에 속해 있는 경

우가 흔하므로 로스팅 정도를 절대적인 지표로 삼는 방법은 추천하지 않습니다.

자주 발생하는 의사소통의 오류를 예로 들면 처음 보는 가게에서 8단계의 로스팅 정도를 보고 원두를 선택하면 본인 취향에 맞지 않는 경우가 많습니다. 왜냐하면, 앞서 언급했듯이 로스팅 정도는 가게에 따라서 다르며 로스팅 정도에 따라 쓴맛이나 신맛의 세기가 크게 달라지기 때문입니다. 그렇기 때문에 자신의 취향과 다른 맛이 날 때가 흔히 있습니다.

하지만 로스팅 정도는 자신의 취향을 이해하는 데 있어 중요한 지표가 된다는 사실에는 변함이 없습니다. 마음에 들거나 관심 있는 커피 전문점을 발견했을 경우 그 가게의 드립용 원두 중에서 가장 진한 맛 또는 가장 연한 맛을 취향에 맞게 골라서 맛보면 그 가게의 로스팅 정도의 폭을 잘 이해할 수 있습니다.

너무 쓰거나 시다면 한 단계 연하거나 진한 로스팅 정도의 원두를 맛보면 취향에 맞는 로스팅을 쉽게 찾을 수 있을 것입니다.

그림 08 로스팅에 따른 맛의 차이

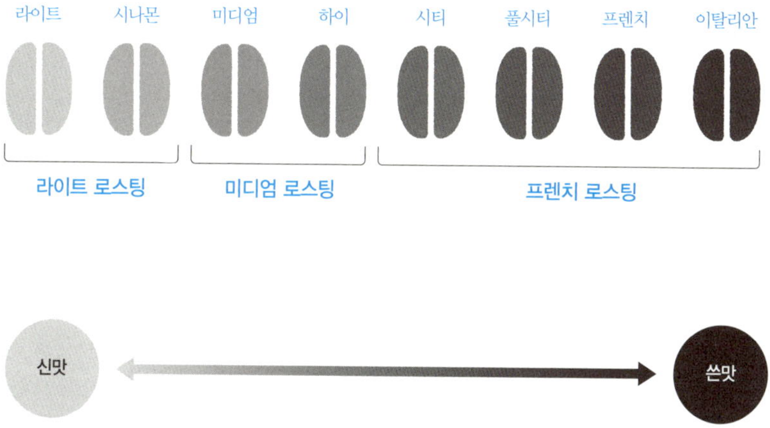

{재료의 맛을 살리는 로스팅 방법을 선택하다}

로스팅 정도는 주관적인 판단 기준을 바탕으로 결정되며 절대적인 판단 기준이 없다고 말씀드렸는데 그렇다면 로스팅 정도는 어떻게 파악할 수 있을까요?

앞서 말씀드렸듯이 저는 로스팅 정도를 기준으로 커피를 선택하는 방법을 추천하지 않습니다. 사실 커피를 선택할 때 그 커피가 라이트 로스팅인지, 미디엄 로스팅인지, 프렌치 로스팅인지 확인할 수 있는 척도를 저 또한 알 수 없기 때문입니다.

그보다 더 중요한 점은 그 로스팅 방법이 재료에 적합한 로스팅인지 여부라고 생각합니다. '제3의 물결 커피(서드 웨이브 커피(Third wave of coffee). 미합중국 커피 유행의 제3 동향을 의미한다. - 역주) = 라이트 로스팅'이라고 말하는 미디어의 영향으로 프렌치 로스팅을 안 좋게 평가하는 경우도 많지만, 프렌치 로스팅에 내성이 있는 원두라면 프렌치 로스팅을 해야만 하고 그렇지 않으면 그 재료에 맞는 로스팅을 해야 합니다.

예를 들면 고지대에서 자란 단단한 생두를 로스팅할 때는 깊이 있고 부드러운 맛을 느낄 수 있는 프렌치 로스팅도 적합할 수 있습니다. 또 화려하고 섬세한 향을 가진 품종이라면 깔끔하고 산뜻한 맛을 느낄 수 있는 라이트 로스팅도 적합할 수 있죠.

비교적 해발이 낮고 균형이 좋은 맛이 특징인 커피는 균형 잡힌 맛 계열을 느낄 수 있는 미디엄 로스팅이 적합할 수 있습니다. 간단히 말해 재료에 맞는 로스팅을 선택하는 것이 중요하죠.

하지만 거듭 말씀드렸듯이 로스팅 정도는 자신의 취향을 이해하는 데 중요한 지표가 됩니다. 특히 초보자는 로스팅 정도를 기준으로 삼아도 전혀 문제가 없으므로 우선 취향(쓴맛이 좋은지, 신맛이 좋은지)을 확실히 파악한 후에 자신의 맛 취향을 이해하는 것이 중요합니다.

초보자는 다음과 같은 '맛 판정표'에 적용해서 생각해봅시다.

깔끔한 맛, 산뜻한 맛 계열 ➡ '라이트 로스팅' 원두를 선택한다.

균형 잡힌 맛 계열 ➡ '미디엄 로스팅' 원두를 선택한다.

깊이 있는 맛, 부드러운 맛 계열 ➡ '프렌치 로스팅' 원두를 선택한다.

우선은 로스팅 정도로 원두를 선택하고 익숙해져서 취향에 맞는 맛의 원두를 선택할 수 있게 되면 본인 취향의 커피를 찾을 수 있는 가능성이 커집니다.

저는 '꼭 라이트 로스팅이어야 한다'라는 식으로 생각해본 적은 없습니다. 앞서 언급했듯이 프렌치 로스팅으로 빛나는 원두와 라이트 로스팅으로 빛나는 원두가 다르기 때문이죠.

중요한 점은 로스팅 정도에 현혹되지 말고 본인의 맛 취향을 파악하여 라이트 로스팅, 미디엄 로스팅, 프렌치 로스팅 중 어디에 가까운지 찾아낼 수 있어야 한다는 점입니다.

"익숙해지면 로스팅 정도로
원두를 선택하지 않는다.

우선은 본인 취향에 맞는 맛을 파악하고
그것을 실현할 수 있는 재료를 선택한다."

{ 위화감의 대부분은 '로스팅 문제'가 원인 }

앞서 설명했듯이 로스팅은 커피 원두를 볶는 작업으로 최종 목표는 원두를 '태우는 것'입니다. 채소나 고기를 계속 익히면 '까맣게 타듯이' 커피 로스팅도 마찬가지입니다.

따라서 어느 정도의 화력과 온도, 시간으로 로스팅하는지가 최종적인 품질에 영향을 미치므로 로스팅을 끝내는 어느 시점을 찾는 것이 중요합니다.

얼마 전까지 로스팅은 감각에 의존하는 장인의 기술적인 요소로 생각하는 경향이 강해서 자료를 수집하거나 분석하려 하지 않았습니다. 그러나 최근 들어 '크롭스터(Cropster, 온도나 화력 등의 로스팅 정보를 기록하는 소프트웨어)'라는 대표적인 로스팅용 소프트웨어가 등장하면서 로스터가 사전에 로스팅 프로파일을 설계하여 더욱더 논리적이며 현실성 높은 로스팅을 진행할 수 있게 되었습니다.

또 생두의 수분 함유량이나 단단한 정도 등을 측정하여 그 데이

터를 로스팅에 활용하는 방식이 해외를 중심으로 퍼져 나가고 있습니다. 즉, 더욱더 현실성 높은 로스팅 기술이 전 세계로 퍼지고 있는 셈이죠.

그러나 이러한 사례는 전 세계에서도 극히 소수의 가게가 도입하고 있는 방법으로 아직 일반화된 방법은 아닙니다. 이러한 기술을 도입했다고 해서 완벽한 로스팅이 가능한 것도 아닙니다.

설령 같은 로스팅 프로파일로 똑같이 커피 원두를 볶아도 매번 같은 맛이 되지는 않습니다. 즉, 로스팅에는 아직 밝혀지지 않은 맛에 영향을 미치는 불확정 요소가 많이 존재한다는 뜻입니다.

따라서 맛에 위화감이 느껴질 때는 로스팅이 원인인 경우가 많습니다. 예를 들어 항상 마시던 커피를 사 왔는데 평소와는 맛이 다르다고 느껴본 경험이 한 번쯤은 있을 것입니다. 그런 경우 로스팅에 문제가 있는 경우가 대부분입니다.

그렇다면 어떠한 로스팅 문제가 있었을까요?

① 원두가 타버렸다.

② 원두 안쪽이 잘 익지 않았다.

③ 원두의 표면은 타고 안쪽은 익지 않았다.

로스팅 문제는 대표적으로 위와 같이 세 종류로 분류할 수 있습니다.

①은 생두에 과도하게 열을 가했을 때 발생합니다. 이때 허용 범위를 넘어설 정도로 쓴맛이 강해집니다.

②는 라이트 로스팅에서 자주 생기는 문제로 화력이 부족할 때 발생합니다. 이때 자극적이고 톡 쏘는 맛이 강해집니다.

③도 자주 발생하는 로스팅 문제입니다. 로스팅 초반에 과도하게 열을 가해서 표면이 타고, 로스팅 후반에 열이 원두 내부까지 전달되지 않았을 때 이런 문제가 발생합니다. 표면이 타면서 생기는 자극적인 쓴맛과 설익은 상태에서 자주 생기는 톡 쏘는 맛이 동시에 나타납니다.

로스터는 항상 높은 수준의 일관성 있는 맛을 내기 위해 노력하고 있으며 또 기술의 발달과 로스팅 기술의 과학적 이해도 조금씩 받아들여지고 있으니 언젠가는 품질의 안정성이 극적으로 향상하는 시대가 찾아올 것입니다.

{기분이 좋아지는 커피의 선택 방법}

지금까지 권장해드린 커피 원두 선정 순서를 정리하면 다음과 같습니다.

① 생산국과 품종, 가공법 등에 따른 '맛의 특징'을 이해한다.

② 다양하게 커피를 맛보면서 '본인의 맛 취향'을 대략 파악한다.

③ '신맛'과 '쓴맛'의 취향으로 로스팅 정도를 선택한다.

이 순서는 본인의 맛 취향을 파악하고 '세상에서 가장 맛있는 커피'를 내리기 위한 첫걸음에 해당하는데, 이번 주제에서는 이러한 접근 방식과 조금 다른 커피 선정 방법을 소개해드리고자 합니다.

간단히 말해 다양성이 넘치는 커피의 풍미를 참고하여 '기분과 상황'에 맞는 브랜드를 선택하는 방법이죠. 실은 저도 커피를 정공법으로 선택하는 데 지쳤을 때 자주 이용하는 방법입니다.

이제 소개해드릴 레시피는 어디까지나 저의 개인적인 견해로 만들어낸 방법으로, 커피를 마시고 싶을 때 기분에 따라 다음과 같이 커피 원두를 한번 선택해보시기 바랍니다.

●● 아침에 마시기 좋은 커피

미디엄 로스팅 ➜ 브라질, 엘살바도르

아침부터 신맛이나 쓴맛이 강한 커피를 마시면 하루 전체의 '균형'을 생각했을 때 좋지 않으므로 단맛, 신맛, 쓴맛이 조화롭게 균형을 이루는 '미디엄 로스팅' 커피가 가장 좋습니다. 블렌드 커피도 좋지만, 브라질(워시드)이나 엘살바도르(워시드) 처럼 섞이지 않은 싱글 미디엄 로스팅도 아침에 마시기 좋습니다. 아침부터 풍미가 세거나 신맛이 강한 커피는 오히려 피로감을 줄 수 있으므로 견과류나 감귤 계열을 상기시키는 어른스러운 풍미의 커피로 하루를 시작해보십시오.

●● 낮에 마시기 좋은 커피

프렌치 로스팅 ➜ 과테말라, 콜롬비아

점심 식사 후에는 '프렌치 로스팅' 커피를 선택해 보십시오. 조금 쓴맛의 바디감 있는 커피가 좋을 거 같습니다. 개인적으로 낮에 마시기 좋은 커피는 항상 프렌치 로스팅의 블렌드 커피입니다. 프렌치 로스팅의 독특한 초콜릿 풍미에 항상 끌립니다. 싱글로 마시려면 과테말라나 콜롬비아의 프렌치 로스팅을 선택하시면 좋습니다. 프렌치 로스팅과의 궁합이 좋은 브랜드죠. 특히 점심 식사 후에는 나른해지기 쉬우므로 프렌치 로스팅의 쓴맛과 바디감으로 잠을 깰 수 있는 이점도 있습니다.

●● 밤에 마시기 좋은 커피

라이트 로스팅 ➜ 중미, 아프리카(에티오피아)

밤에는 조금 요염하고 어른스러운 커피를 추천해드립니다. 약간 모험을 즐겨보는 것도 좋을 수 있습니다. 중미나 아프리카의 내추럴 프로세스, 에티오피아의 워시드나 지금 유행하는 게이샤종처럼 숙성된 과일이나 우아한 꽃의 향을 연상시키는 커피를 선택해 보십시오.

또 초콜릿 등과 같은 디저트와 함께 마시기도 좋아서 '라이트 로스팅'의 풍미가 명확한 커피를 선택하면 조금은 풍성한 밤을 보낼 수 있을 것입니다.

{ 커피는 원두로 사야 할까? 가루로 사야 할까? }

원두의 종류나 로스팅 정도로 취향에 맞는 커피를 선택하더라도 어떻게 보관하느냐, 원두와 가루 중 어떤 형태의 커피를 사느냐에 따라 커피 품질이 달라질 수 있습니다. 그래서 이번 장의 마지막 부분에서는 원두의 효과적인 보관 방법을 간단히 소개해드리고자 합니다.

'커피는 원두로 사야 할까? 가루로 사야 할까?' 지금까지 정말 많은 분께서 이런 질문을 통해 상담을 해오셨습니다.

커피를 가는 데 필요한 그라인더가 없다, 가격이 비싸다, 그라인더는 있지만 갈기 귀찮다, 성능이나 디자인이 별로다 등등 그 이유도 가지각색이었습니다.

단도직입적으로 말하면 저는 반드시 커피를 '원두'로 사야 한다고 생각합니다. 이유는 간단합니다.

일반적으로 커피는 가는 순간부터 품질이 떨어지기 시작합니다.

원두 상태일 때보다 가는 순간에 커피 원두의 표면적이 급격히 증가하여 공기와 닿는 면적이 많아져 품질 저하가 급격히 진행되기 때문입니다. 원두 자체의 향보다 원두를 갈 때 생기는 가루의 향이 강한 것도 이 때문이죠.

커피를 구매할 때는 원두든 가루든 상관없이 같은 금액을 내고 구매합니다. 그러나 앞서 언급했듯이 원두 상태와 가루 상태에서는 품질 저하 속도가 완전히 다릅니다. 즉 원두와 커피 가루의 가격이 똑같아도 품질 저하 속도는 가루가 단연 빠르다 보니 득실을 고려하면 가루를 선택했을 때 손해가 클 수밖에 없습니다.

같은 날 원두와 커피 가루를 사도 며칠이 지났을 때 원두는 여전히 맛있게 마실 수 있지만, 커피 가루는 이미 맛이 변해 있을 수 있습니다. 따라서 품질과 가성비를 생각한다면 원두를 선택하는 편이 좋습니다. 커피는 많이 마시지만 그라인더가 없는 분은 꼭 그라인더를 사시기 바랍니다!

그래도 커피 가루를 사고 싶은 분께는 제안해드리고 싶은 사항이 있습니다. 꼭 일주일 안에 다 마실 수 있는 만큼만 커피를 사시기 바랍니다. 소량씩 구매하면 한꺼번에 구매할 때보다 품질 저하를 비교적 낮출 수 있습니다. 일주일마다 사야 해서 귀찮을 수 있지만, 맛있는 커피를 매일 마시고 싶은데 커피 원두를 매일 갈기 귀찮을 때 사용하기 좋은 방법입니다. 하지만 가장 좋은 방법은 역시 원두 채로 구매해서 추출하기 직전에 가는 방법이므로 이 점만은 꼭 기억해두시기 바랍니다.

{과학적으로 올바른 원두의 보관 방법이란?}

최근이 되어서야 품질적인 측면에서 과학적으로 보관 방법을 검증하고 고찰하는 대응 방법이 생겨났습니다. 스위스 취리히 대학교의 커피 엑설런스 센터(Coffee excellence center)에서 '커피의 신선함을 얼마나 유지할 수 있을까'라는 주제로 연구가 진행된 적이 있습니다. 해당 연구에서 보관 시 커피 품질에 영향을 미치는 요소는 다음과 같았습니다.

① 산소

② 온도

③ 습도

④ 빛

품질 저하에는 여러 요인이 있지만, 그중에서 '산화'가 가장 큰 요인으로 꼽혔습니다. 커피 원두는 로스팅하면 이산화탄소가 발생하고, 그 이산화탄소는 커피 원두의 10~50미크론 정도의 미세 구멍 속에 갇힙니다. 그 미세 구멍에서 조금씩 이산화탄소가 방출되면서 최종적으로 산화 단계로 넘어가게 되죠.

이산화탄소는 미세 구멍에 갇혀 있기 때문에 한 번에 빠져나가지 못합니다. 보관 환경에 따라 달라지지만, 대체로 한 달 정도면 이산화탄소 농도가 연해진다고 할 수 있습니다.

하지만 커피 가루는 산화 속도가 눈에 띄게 빠릅니다. 가루로 만들면서 원두의 표면적이 몇만 배로 증가하여 산소에 닿는 면적이 늘어남에 따라 미세 구멍에서 이산화탄소가 쉽게 방출할 수 있게 되었기 때문입니다.

이산화탄소의 발생량은 로스팅 정도에 따라서도 달라집니다. 프렌치 로스팅의 이산화탄소 발생량이 라이트 로스팅보다 많다고 합니다(드립 시에 라이트 로스팅보다 프렌치 로스팅 쪽이 더 부풀어 오르는 이유는 이산화탄소 함유량이 많기 때문입니다).

따라서 프렌치 로스팅 쪽이 산화에 이르는 속도가 빠르다고 추측할 수 있죠. 또한 보관 장소가 고온다습하다면 이산화탄소의 발생량이 증가하여 산화에 이르는 속도가 빨라집니다. '커피 원두의 신선함을 더욱더 오래 유지하고 싶다'면 가능한 한 '산화'부터 막아야 합니다. 다음 주제에서는 구체적인 보관 방법을 설명해드리고자 합니다.

{원두는 포장 그대로 보관하는 것이 가장 좋다}

스페셜티 커피 협회(Specialty Coffee Association)가 발표한 「커피 신선도 안내서(The Coffee Freshness Handbook)」에 따르면 커피는 구매했을 때의 상품 포장 그대로 보관해야 오래 먹을 가능성이 크다는 결론을 내렸습니다.

지극히 당연한 이야기일 수 있지만, 적절한 방법으로 포장된 커피 원두는 이산화탄소로 코팅된 상태이므로 구매 후에 여러 번 여닫는다고 해서 산화가 한 번에 진행되지는 않습니다.

하지만 유리 보관 용기나 밀폐 용기 등에 옮겨 담으면 산소 노출도가 높아집니다. 따라서 이산화탄소로 코팅된 상태의 원두를 산소 노출도가 높은 보관 용기에 옮기면 급격한 속도로 산화가 진행될 수밖에 없습니다.

가장 이상적인 포장 용기는 안쪽에 알루미늄 포일이 붙어 있어 빛을 통과하지 못하는 타입입니다. 온도는 가능한 한 낮게 보관하면 커피 원두의 신선함을 유지할 수 있습니다. 상온에서 보관할 때는 1~4주일 정도만 신선함을 유지할 수 있는 커피도 냉동 보관하면 약 3개월 정도 보관 기간을 늘릴 수 있습니다.

즉, 신선함을 유지하기 위한 보관 방법은 다음과 같이 정리할 수 있습니다.

① 커피 원두는 구매 시 상품 포장 그대로 보관한다.

② 빛이 차단되는 포장 용기를 쓰면 더욱 좋다.

③ 고온다습한 환경에 노출되지 않도록 주의하고 되도록 낮은 온도에 보관한다.

따라서 빛이 차단되는 포장 용기라면 사 온 상태 그대로 저온에 보관하는 것이 가장 효과적인 보관 방법입니다.

{바리스타의 비책은 '냉동 보관'}

커피를 좋아하는 사람이라면 가게나 회사마다 다르게 기재되어 있는 보관 방법 때문에 어떤 방법을 써야 할지 한 번쯤 고민해본 경험이 있을 것입니다.

그래서 제가 제안해드리고 싶은 방법은 커피 원두 구매 후 곧바로 '냉동 보관'하는 방법입니다. 왜냐하면, 커피 원두를 냉동했을 때 고체가 액체가 되었다가 기체가 되는 승화 현상이 약 16배 정도 느려지기 때문입니다. 즉 보관 온도를 낮추면 커피의 향과 맛을 오래 유지할 수 있습니다.

냉동 보관할 때는 기밀성이 높은 보관 용기나 진공 팩에 보관하면 좋습니다. 냉동고의 냄새가 배거나 수분 흡착을 방지하기 위해서이기도 하지만, 포장 용기의 공기를 확실히 빼낸 상태에서 보관만 해도 눈에 띄는 맛의 차이를 느낄 수 있습니다. 어떻게 보관해야 할지 고민될 때는 이 냉동 보관 방법을 꼭 시도해보시기 바랍니다.

제 친구이자 이 연구를 진행한 미국 오리곤 대학의 크리스토퍼 헨든(Christopher Hendon) 조교수 팀이 「생산국과 원두의 온도가 로스팅 원두의 입자 크기에 미치는 영향(The effect of bean origin and temperature on grinding roasted coffee)」이라는 제목의 논문을 2016년에 발표했습니다.

이 연구에 따르면 커피 원두의 온도가 낮을수록 입도 분포(원두를 갈았을 때 입자 크기의 불균형. 자세한 내용은 다음 장을 참조)가 좁아진다는 사실을 밝혀냈습니다. 즉 같은 커피 원두, 같은 입자 크기를 사용했음에도 불구하고 원두의 온도만 달라도 다른 입도 분포가 나타날 수 있다는 사실을 밝혀낸 셈입니다.

연구에서 사용된 온도는 상온(20℃), 냉동(영하 19℃), 드라이아이스(영하 79℃), 액체질소(영하 196℃) 이렇게 네 종류였습니다. 모두 해동하지 않고 곧바로 그라인더로 갈았는데 이때 가장 입도 분포가 좁아 그래프값이 높았던 것은 액체 질소였습니다. 그리고 그 뒤를 이어 드라이아이스, 냉동, 상온 순서로 입도 분포에 폭이 생겨났습니다. 세계 최고의 기술과 지식이 한데 모이는 월드 바리스타 챔피언십에서도 최근 커피 원두를 일부러 얼려서 추출하는 바리스타가 많이 있습니다. 왜냐하면, 더 낮은 온도에서 얼려야 입도 분포가 좁아져 효율적으로 가루의 표면적을 크게 할 수 있다는 사실이 과학적으로 밝혀졌기 때문입니다. 따라서 이 연구를 통해 냉동만 해도 더 뛰어난 입도 분포가 생겨난다는 사실을 알 수 있습니다.

냉동했더라도 그라인더로 갈 때 원두를 해동할 필요 없이 언 상태로 바로 갈아주면 됩니다. 가루의 온도가 낮아 물 온도를 따로 높일 필요도 없으니(순식간에 온도가 상승하므로) 평소대로 추출하면 됩니다. 확연하게 느껴지는 맛의 차이에 놀라움을 금치 못할 것입니다.

Column

'식어도 마실 수 있는지'가 가장 강력한 맛의 기준

커피의 맛을 표현하거나 평가하는 일은 난이도가 매우 높아서 커피 전문가들도 자주 고민하고 실수해가면서 매일 공부합니다. 커피 맛에 정답은 존재하지 않습니다. 물론 국제 표준으로 정해진 품질 기준은 존재하지만, 그 기준은 때에 따라 변해갑니다.

특히 그 경향이 가장 두드러지는 것이 바로 에스프레소의 세계입니다. 전 세계에서 60개국 이상의 각국 바리스타 대표가 모여 맛과 추출 기술, 프레젠테이션을 경쟁하는 가장 권위 있는 대회인 월드 바리스타 챔피언십에서도 호평을 받는 에스프레소는 매년 변화하고 있습니다.

예를 들면 제가 2007년에 대회에 처음 출전했을 때 호평을 받은 맛은 초콜릿 풍미에 바디감이 있고 어느 정도 쓴맛도 나는 에스프레소였습니다. 그러나 현재는 과일이나 꽃 향을 연상시키는 풍미, 연한 로스팅으로 신맛과 단맛이 나는 에스프레소가 주목을 받고 있습니다. 즉, 매년 선호 받거나 호평받는 맛이 끊임없이 변화하고 있다는 뜻입니다.

서론이 길어졌는데 '커피의 품질적인 정답이나 기호는 계속 변화한다'라는 말을 전제로 커피와 마주하면 손쉽게 커피를 즐길 수 있습니다. 그렇지만 커피의 맛을 객관적으로 파악하는 기술은 필요하므로 먼저 '커피의 맛을 어떻게 평가해야 할지'에 관해 대답해보도록 하겠습니다.

가장 간단한 평가 방법은 '식어도 마실 수 있는 커피인지 아닌지'를 알아보는 것입니다.
어찌 보면 당연한 방법일 수 있지만, 가장 확실하고 정확하게 품질 여부를 판단하는 방법입니다.

참고로 훌륭한 품질의 커피는 식어도 마실 수 있지만, 품질이나 추출에 문제가 생기면 톡 쏘는 맛이나 자극적인 맛 때문에 끝까지 마시기 힘들어집니다.
논리적으로 평가를 할 수도 있지만, 우선 맛을 평가하는 첫 단계로 '식어도 마실 수 있는지'를 하나의 기준으로 두면 품질을 쉽게 판단할 수 있습니다.

Chapter 3

추출의 사고방식

몇 번이든 완벽하게
원하는 맛을 낼 수 있는 기술

이 장에서 알 수 있는 내용

- 입자의 크기(입도)와 맛의 관계
- 추출의 메커니즘
- 드리퍼에 따른 맛의 차이

{바리스타가 직접 전수하는 추출 비법 - 필요한 기구와 단계}

'생산국', '품종', '가공법' 그리고 '로스팅'을 통한 원두 선택 방법을 모두 파악했다면 커피를 실제로 추출하는 단계로 넘어가봅시다.

이번 장에서는 맛을 결정짓는 6개 요소 중 '입도', '추출' 공정을 다루고자 합니다. 단 입도와 추출은 매우 심오한 분야라서 전문가도 쉽게 판단하지 못하는 경우가 많으므로 이 책에서는 실천하기 전에 추출의 기본적인 사고방식에 관해 이해해봅시다.

우선 커피를 추출하는 데 필요한 최소한의 기구를 설명해드리겠습니다.

그림 09 추출에 필요한 기구와 재료

[주전자]

[그라인더]

[드리퍼]

[드립 서버]

[전자저울]

[종이 필터]

[계량스푼]

[미네랄 워터]

[커피 원두]

그리고 다음 내용은 커피를 추출하기 위해 최소한으로 필요한 단계입니다.

◆추출 단계◆

① 물을 끓인다.

② 커피 원두를 계량한다.

③ 커피 원두를 간다.

④ 드리퍼에 종이 필터를 끼운다.

⑤ 드리퍼에 끓인 물을 붓는다.

⑥ 드리퍼가 데워졌는지 확인한 후에 커피 가루를 넣는다.

⑦ 끓인 물을 몇 차례에 나눠서 규정량을 따르면 완성.

위의 일곱 가지나 되는 추출 단계를 보고 과정이 귀찮게 느껴질 수도 있지만, 커피 자체는 매우 간단한 재료로 구성된 음료입니다.

생각해보십시오. 커피를 내릴 때 필요한 재료는 물과 커피 원두뿐입니다. 어떤 추출 방법을 사용해서 커피를 내리든 물과 커피 원두만 필요합니다. 즉, 커피 한 잔은 물과 커피 가루를 섞기만 해도 완성되죠.

그래서 저는 맛있는 커피를 추출하기 위해서는 '물과 커피 가루를 최적의 비율로 효율적으로 섞는 것'이 중요하다고 생각합니다. 왜냐하면, 추출은 커피의 성분을 물로 이동시키는 작업으로 얼마나 효율적으로 커피에서 성분을 끌어낼 수 있는지가 맛의 품질과 관련이 되어 있기 때문입니다.

추출은 크게 ① 과소추출, ② 적정한 추출, ③ 과추출로 나눌 수 있으며 그중에서 ①과 ③이 추출에서의 문제에 해당합니다.

과소추출 ➡ 커피의 성분을 미처 다 추출하지 못한 상태

과추출 ➡ 커피의 성분을 과도하게 추출한 상태

이러한 추출 문제를 일으키지 않으려면 물이나 커피 가루의 양, 온도, 입도(원두의 입자 크기), 추출 시간 등을 가장 적합하게 조절해야 합니다.

“추출 비법은

최적의 비율로 물과 커피 가루를

효율적으로 섞는 것”

{'입자의 크기'가 농도를 바꾼다}

커피 원두는 원두 상태 그대로 추출할 수 없습니다. 추출하려면 커피 원두를 분쇄하는 작업, 즉 '갈아내는' 작업이 필요하죠.

추출하는 데 적절한 입자의 크기를 파악하는 작업이 중요한 이유는 커피 원두를 갈았을 때 비로소 그 성분이 물로 이동하기 때문입니다. 커피 원두를 갈았을 때 원두 한 알이 잘게 분쇄되어 미크론 단위의 입자가 됩니다.

즉, 커피 원두를 가는 작업이란 표면적을 늘리는 작업으로 물과 커피 가루가 닿는 면적을 늘림으로써 커피가 효율적으로 추출됩니다.

같은 추출 조건으로 추출할 경우, 더 잘게 분쇄하면 액체의 농도가 높아지고 거칠게 분쇄하면 액체의 농도가 낮아집니다. 잘게 분쇄할수록 커피 원두의 표면적이 커져서 성분이 더 쉽게 물에 녹습니다. 반대로 거칠게 분쇄할수록 표면적이 작아져서 성분이 물에 쉽게 녹지 않죠.

농도가 입자 크기에 따라 영향을 받는다는 뜻은 결국 맛도 입자 크기에 따라 크게 변할 수 있다는 뜻입니다. 너무 잘게 분쇄하면 농도가 너무 높아져서 톡 쏘는 맛이 나거나(과추출), 너무 거칠게 분쇄하면 농도가 낮아져 맛이 너무 연해집니다(과소추출).

커피 추출에서 입자의 크기는 아주 중요한 역할을 합니다. 커피 추출에서 가장 중요한 '농도'를 결정해주는 요인이 되기 때문이죠.

개중에는 물과 커피 가루의 양을 바꿔서 농도를 조절하는 방법도 있지만, 개인적으로 추천하지는 않습니다. 왜냐하면, 물과 커피 가루의 양에는 '적절한 비율'이 있고 그 범위를 크게 벗어나서 물과 커피 가루의 양을 바꾸면 과추출이나 과소추출로 이어질 수 있기 때문입니다. 물과 커피 가루의 양을 바꿔서 농도를 조절하기 전에 먼저 입자의 크기를 바꿔 농도를 조절하시기 바랍니다. 추출의 질을 판단하는 데 있어 적정한 입자 크기 설정이 80%를 차지할 정도로 중요합니다. 그러니 입자 크기를 기준으로 본인의 맛 취향에 맞는 농도를 설정해봅시다.

{추출의 생명 '그라인더'}

커피를 원두로 구매했을 때는 그라인더가 필요합니다. 당연히 그라인더에 따라 커피의 맛도 눈에 띄게 바뀝니다. 왜냐하면, 칼날의 모양, 칼날의 재질, 코팅, 회전수(RPM) 등의 요소가 입자의 크기를 크게 바꿀 수 있기 때문입니다.

그라인더 종류별로 분쇄된 커피 가루의 입자 크기는 모두 다릅니다. 육안으로 봐도 알 수 있지만, 자세히 관찰해보면 큰 가루도 있고 작은 가루도 있는 등 입자 크기의 폭이 넓습니다.

전문적으로 검사를 받으면 그 차이를 미크론 단위로 알 수 있는데 그 폭을 '입도 분포'라 부릅니다. 입도 분포란 원두를 갈 때 생기는 크고 작은 입자의 전체 양을 100%라 간주했을 때 어느 정도의 빈도로 발생하는지를 그래프로 나타낸 지표입니다. 최근 '좋은 그라인더'로 분류되는 제품은 분쇄된 가루의 입도 분포가 좁은 그라인더를 나타냅니다.

입자 크기가 균일한 최고의 가정용 전동 그라인더는 칼리타의 'NEXT G'

세계 최고의 바리스타도 대회에서 사용하는 세계 최고의 가정용 커피 분쇄기 'Comandante C40'

입도 분포가 좁은 그라인더가 좋은 이유는 원두에서 가루가 되었을 때 입도 분포의 폭이 넓은 그라인더보다 큰 가루와 작은 가루의 불균형을 최소한으로 억제할 수 있기 때문입니다. 또한 불균형을 최소한으로 억제함으로써 추출에 이상적인 입도 비율을 늘려 그 표면적을 크게 확보할 수 있기 때문이죠.

원하는 입자 크기보다 큰 입자가 많을 때는 '과소추출'이 쉽게 일어나고, 원하는 입자 크기보다 작은 입자가 많을 때는 '과추출'이 쉽게 일어날 수 있습니다.

같은 '중간 입자'라 하더라도 낡은 프로펠러 그라인더로 간 중간 입자와 몇십만 원이나 하는 전동 플랫버 그라인더로 간 중간 입자는 그 '단어'만 같을 뿐 맛의 결과는 전혀 다릅니다.

●● 프로펠러 그라인더

큰 입자와 작은 입자가 둘 다 많은 '입도 분포가 넓은' 그라인더

→ 원하는 중간 입자의 '비율이 낮게' 나온다

●● **몇십만 원이나 하는 업무용 전동 플랫버 그라인더**

큰 입자와 작은 입자가 둘 다 적은 '입도 분포가 좁은' 그라인더

➔ 원하는 대로 중간 입자의 '비율이 높게' 나온다

따라서 추출 효율뿐만 아니라 맛에서도 양쪽에서 큰 차이가 생깁니다. 다시 말해 커피 가게와 집에서 맛보는 커피 맛은 추출 기술 이전에 얼마나 좋은 그라인더를 갖고 있느냐에 따라 큰 차이를 보입니다. 분명히 말씀드리지만, 그라인더는 '싼 게 비지떡'이라는 사실을 기억해두십시오.

커피는 매우 단순한 음료입니다. 물과 커피 원두만 들어가지만, 그라인더가 만들어내는 입도 분포의 차이가 맛에 큰 차이를 가져다줍니다. 좋은 그라인더를 사는 것이 좋은 커피를 향한 첫걸음이 되는 셈이죠. 그러니 그라인더에는 꼭 아낌없이 투자하시기 바랍니다.

{뒷맛을 나쁘게 만드는 원인인 '미분'을 제거하다}

하지만 입자 크기는 어떻게 해도 불균형이 생길 수밖에 없습니다. 그 크기는 미크론 단위로 달라져 거의 0에 가까운 크기도 있지만, 1,000미크론 수준의 큰 가루까지 폭넓게 존재합니다.

앞서 언급했듯이 입자 크기의 폭은 입도 분포라 하고, 그 폭이 좁을수록 뛰어난 그라인더라 할 수 있습니다. 또 입도 분포는 그라인더 제품 개발 시 지표가 되어 제품 개발에 종사하는 저 같은 컨설턴트는 접할 기회가 자주 있습니다.

입도 분포에서 거의 0에 가까운 수치의 입도를 '미분'이라 부릅니다. 영어로는 100미크론 이하의 미분을 'Fine'이라 부르죠.

추출 시에 문제가 되는 것은 바로 이 미분의 존재입니다. 에스프레소 추출과 침지법에서는 미분이 중요한 역할을 하지만, 투과법에서 미분은 톡 쏘는 맛이나 자극적인 맛을 자아내 뒷맛을 안 좋게 만듭니다. 또 미분이 다량으로 발생하면 미분 때문에 드리퍼가 막힐 가능성도 있습니다. 아무리 잘 추출하더라도 미분 때문에 맛이 이상해지면 아무 소용도 없겠죠. 해결 방법은 두 가지가 있습니다.

① 미분이 잘 생기지 않는 고품질 그라인더를 사용한다.

② 미분을 시프터(거름망)에 걸러서 직접 제거한다.

①의 경우, 미분의 양을 확실히 줄일 수 있으며, 더 좋은 입도 분포로 커피를 갈 수 있습니다. 그러나 아무리 고품질 그라인더라도 미분은 반드시 생깁니다. 그저 그 양에 차이가 날 뿐입니다. 그러나 눈에 띄는 맛의 차이를 느낄 수 있죠.

②의 경우는 누구나 할 수 있는 간단한 방법이므로 추천해드립니다. 미분이 드립에 미치는 영향을 느낄 수 있을 것입니다. 커피 전용 시프터도 있습니다. 예를 들면 '크루브(Kruve)'는 100~1,000미크론의 시프터로 커피의 가루를 흔들어서 걸러내는 상품입니다.

이런 시프트까지 사고 싶지 않지만, 미분을 제거하고 싶을 때는 '차 거름망'을 사용해도 됩니다. 차 거름망에도 망이 좁은 것도 있고 넓은 것도 있습니다. 차 거름망의 구멍 크기 단위를 메시라고 하는

데, 이는 미크론으로 환산할 수 있습니다.

예를 들면 140메시는 106미크론으로 환산할 수 있습니다. 그러니 100미크론 이하의 미분을 제거할 때는 140메시의 차 거름망을 구매하시기 권해드립니다. 차 거름망에 커피 가루를 넣은 다음 측면을 두드리면서 흔들면 미분이 아래로 떨어집니다. 미분을 제거함으로써 과추출로 생기는 톡 쏘는 맛이나 자극적인 맛의 발생을 억제할 수 있으므로 꼭 시도해보시기 바랍니다.

{ 정전기를 이용한 '가루 날림' 방지법 }

전동 그라인더로 원두를 갈 때 커피 가루가 그라인더 주변으로 날리거나 그라인더 본체에 달라붙어 있던 경험이 한 번쯤 있었을 것입니다. 정전기는 커피 원두와 그라인더(칼날)의 마모로 인해 발생합니다. 특히 칼날의 회전수가 빠른 전동 그라인더에서 자주 나타나는 현상이죠. 정전기가 발생하면 가루받이에 커피 가루가 달라붙거나, 가는 도중에 커피 가루가 날리므로 매일 원두를 갈아서 커피를 내리는 분께는 상당히 스트레스가 될 수 있습니다. 이처럼 주방을 어지럽히는 커피 가루 날림을 방지할 수 있는 좋은 방법이 있습니다.

물론 전동 그라인더 중에는 칼리타의 NEXT G처럼 정전기 제거 장치를 완비한 그라인더나 칼날의 회전수를 느리게 설계한 그라인더 등도 있지만, 정전기 발생을 방지하고 커피 가루 날림을 최소한으로 줄이는 가장 간단한 방법은 '커피 원두를 소량의 물에 적시는 것'입니다.

숟가락이나 젓가락을 물에 담근 후, 물이 조금 묻은 숟가락 또는 젓가락으로 커피 원두를 섞어서 갈아주십시오. 정전기가 잘 일어나는 원인은 '건조'하기 때문이므로 아주 소량의 물만 있어도 정전기를 대폭 감소시킬 수 있습니다.

소량의 수분이면 그라인더나 맛에도 영향을 미치지 않으므로 커피 가루 날림으로 고민이신 분은 꼭 시도해보시기 바랍니다. 가루받이에서 드리퍼에 커피 가루를 옮길 때도 스트레스 없이 커피 가루를 옮길 수 있습니다.

{커피의 입자 크기는 맛에 어떤 영향을 미치는가?}

일반적으로 그라인더가 없는 분은 커피 가게에 가서 원하는 입자 크기로 갈아 달라고 부탁할 것이고, 그라인더를 갖고 계신 분은 그라인더의 눈금 표기에 따라 분쇄도를 선택하고 있을 것입니다.

우선 일반적인 입자 크기 표기에 관해 이해해봅시다.

입자 크기의 종류 ➡ 아주 고운 입자 / 조금 고운 입자 / 중간 입자 / 조금 거친 입자 / 거친 입자

아주 고운 입자는 에스프레소나 터키시 커피(Turkish coffee) 등에 사용되는 입자 크기로, 겉보기에는 백설탕처럼 아주 가는 크기의 입자로 형성되어 있습니다.

중간 입자나 조금 거친 입자는 커피메이커나 드립처럼 가정에서도 보편적인 추출 방법에 이용되는 입자 크기입니다. 취향에 따라서는 거친 입자를 선택하시는 분도 있겠죠. 일반적인 기준으로는

'로스팅 정도'와 취향 '농도'를 고려하여 입자 크기를 결정하는 것이 좋습니다. 예를 들면 농도가 진한 맛을 선호한다면 프렌치 로스팅의 조금 고운 입자, 비교적 깔끔한 맛을 선호한다면 라이트 로스팅의 조금 거친 입자를 선택해보십시오. 일반적인 드립의 입자 크기는 중간 입자라고 생각해주시면 됩니다.

이를 맛 판정표에 대응시켜보면 [그림 10]과 같습니다.

기본적으로 농도는 세로축의 '입자 크기'(아주 고운 입자~거친 입자)로 정하고 '로스팅 정도'(연함~진함)에 따라 가로축으로 이동합니다. 예를 들면 입자 크기가 아주 고운 입자이고 로스팅 정도가 진할 때는 농도가 가장 진하고 쓴맛도 강해지므로 '깊이 있는 맛' 범주에 위치하게 됩니다.

조금 고운 입자일 때는 아주 고운 입자보다 농도가 연하므로 같은 프렌치 로스팅을 사용하더라도 맛이 달라집니다. 입자 크기는 추출의 열쇠라 불릴 정도로 중요한 요소입니다. 저는 생두의 품질과 로스팅의 질에 이어서 맛을 정하는 데 세 번째로 중요한 요소로 여기고 있습니다.

그림 10 '입자 크기×로스팅'의 차이에 따른 맛 판정표

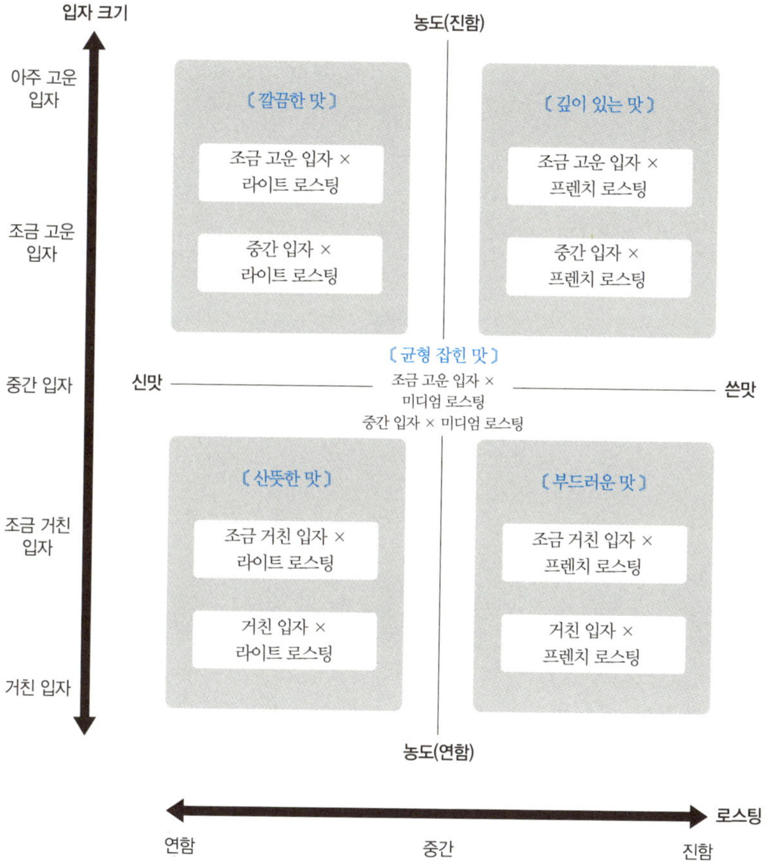

입자 크기의 질이나 설정에 따라 커피의 맛이 눈에 띄게 바뀌므로 저품질 그라인더를 사용해서는 고품질 커피를 추출할 수 없습니다. 그 정도로 입자 크기가 추출에 미치는 영향이 큽니다.

재차 말씀드리지만, 투자하려면 꼭 그라인더에 투자하십시오. 프로펠러 그라인더로 직접 가는 것보다 차라리 커피 가게에서 조금씩 갈아 달라고 하는 편이 나을 정도로 입자 크기는 추출에 중요한 요소임을 꼭 새겨 두시기 바랍니다.

{모든 것의 원천이 되는 두 가지 추출법}

이어서 추출법에 관해 설명해드리고자 합니다. 추출 방법에는 페이퍼 드립, 프렌치 프레스, 에스프레소, 에어로프레스 등 수많은 추출 방법이 있지만, 기본적으로 추출은 두 가지 방법으로 분류할 수 있으며 그 두 종류의 사고방식을 토대로 추출이 진행됩니다. 우선은 다양한 추출 방법의 원천이 되는 추출법의 분류를 설명해드리겠습니다.

“ ‘입자 크기’는 추출의 열쇠

어떻게 설정하느냐에 따라
맛이 눈에 띄게 변한다. ”

❶ 침지법

일반적으로 커피 가루와 물을 섞는 추출 방법을 침지법이라고 합니다. 침지법은 추출 과정 초기에 높은 농도에 도달하는 특징이 있습니다. 프렌치 프레스, 사이펀, 제즈베 등이 대표적인 추출 기구이죠.

❷ 투과법

에스프레소, 종이 필터, 금속 필터, 넬로 대표되는 방식으로 중력과 압력을 사용한 드립 방식을 나타냅니다. 투과법은 커피 가루층을 만들어내어 그 층을 물이 간헐적으로 통과하면서 커피가 추출됩니다.

또 침지법, 투과법을 조합한 하이브리드형 추출 방법도 있는데, 그중에서 에어로프레스나 클레버 드리퍼가 유명한 하이브리드형 추출 방법이라 할 수 있습니다.

{열 가지 추출법의 특징이란?}

●● 침지법

■ 프렌치 프레스(French press)

커피 가루에 직접 끓인 물을 넣어 몇 분간 둔 후, 커피 플런저(Plunger)를 사용하여 걸러냅니다. 우리나라에서는 홍차용으로 사용되는 경우도 많지만, 서양권에서는 가정용 커피 추출 기구로 널리 사용되고 있습니다. 추출 난이도가 낮고 특별한 기술이 필요하지 않아 초보자용으로 적합합니다.

커피의 유분이 투과되지 않고 추출되어 맛은 진하지만, 미분도 함께 들어 있어서 입 안에서 가루 느낌이 날 수 있습니다.

■ 사이펀(Siphon)

플라스크 내의 기압 변화를 이용한 추출 방법으로 시각적으로 화려한 효과 덕에 열성 팬이 많은 추출 방법으로 유명합니다. 일반적으로 고온에서 추출할 수 있으므로 향이 진한 커피를 추출할 수 있습니다. 반면 관리하거나 청소가 힘들다는 단점이 있습니다.

■ 제즈베(Cezve)

터키식 커피, 이브릭 커피로도 불리는 추출 방법으로 물과 아주 곱게 간 커피 가루를 넣고 끓을 때까지 가열하는 추출 방법입니다. 마시는 방법도 독특한데 커피 가루를 거르지 않고 컵에 따라서 커피 가루가 가라앉을 때까지 기다린 후 윗물만 마십니다. 농도도 비교적 진한 추출 방법입니다.

■ 모카 포트(Moka pot)

끓인 물의 증기압으로 추출하는 직화식 추출 방법입니다. 이탈리아 가정에 한 대는 꼭 있는 추출 기구로 유명합니다. 100℃가 넘는 증기압으로 추출하므로 농도가 높은 커피를 추출할 수 있습니다.

●● 투과법

■ 페이퍼 드립

가장 일반적인 추출 방법입니다. 드리퍼에 종이 필터를 끼우고 커피 가루 층을 거르듯이 추출하는 방법입니다. 추출된 액체는 종이 필터로 거르면 맑은 액체가 됩니다.

■ 메탈 드립

주로 금속 필터를 사용하여 드립하는 방법입니다. 종이 필터 대신에 금속 필터를 사용하여 유분도 함께 추출할 수 있습니다. 쓰고 버려지는 종이 필터와 달리 반영구적으로 사용할 수 있으므로 친환경적인 추출 방법입니다. 그러나 추출될 때 줄어드는 미분의 양이 적으므로 미분의 까끌까끌한 느낌을 안 좋아하는 분들에게는 적합하지 않습니다.

■ 넬 드립

플란넬이라는 부드러운 천 소재를 사용하는 추출 방법으로 우리나라에서도 두터운 팬층을 보유하고 있는 추출 방법입니다. 걸쭉한 질감은 넬 드립의 독특한 특징이라 할 수 있습니다. 단, 넬 자체를 청소하거나 보관할 때 신경을 써야만 합니다.

■ 에스프레소

아주 곱게 간 커피 가루를 단단히 눌러서 압력을 가하여 추출하는 방법입니다. 농도가 드립 커피보다 10배 가깝게 높은 경우도 있습니다. 에스프레소 추출에는 고도의 기술과 추출에 대한 이해, 또 값비싼 기계가 필요하므로 가정용으로는 추천해드리지 않습니다.

●● 하이브리드형

■ 에어로프레스

2개의 큰 통을 주사기처럼 겹쳐서 커피에 압력을 가하는 시스템의 추출 방법입니다. 공기압을 이용해서 추출하므로 곱게 간 커피 가루를 사용하여 추출 시간도 비교적 짧은 추출 방법으로 알려져 있습니다. 북유럽에서 자주 쓰이는 추출 방법으로 현재는 세계 대회도 개최될 정도로 인기 있는 추출 방법입니다.

■ 클레버 드리퍼

보기에는 드리퍼처럼 생겼지만, 아래쪽에 밸브가 달려 있어 물을 드리퍼 안에 담아둘 수 있는 침지법과 투과법이 합쳐진 추출 방법입니다. 침지법의 커피 질감은 좋아하지만, 미분은 좋아하지 않는다는 의견을 바탕으로 만든 비교적 최신 추출 방법입니다.

{드리퍼의 차이로 맛이 이렇게까지 바뀐다}

이 책에서는 가장 일반적인 추출 방식인 '투과법', 그중에서도 가장 일반적인 추출 방법으로 알려진 페이퍼 드립을 예로 들어 페이퍼 드립의 메커니즘과 드리퍼의 종류를 설명하고자 합니다.

페이퍼 드립은 투과법을 대표하는 추출 방법입니다. 추출할 때는 물이 드리퍼 내에서 필터 헤드라 불리는 커피의 입자층을 통과하면서 종이 필터로 커피를 걸러내듯이 추출합니다.

완성된 액체는 필터 헤드에서 걸러진 맑은 액체를 다시 종이 필터로 걸러내서 추출하므로 커피 가루가 남지 않고 투명한 액체가 됩니다.

드리퍼는 크게 '사다리꼴형', '원뿔형', '웨이브형' 이렇게 세 종류가 있습니다. 사다리꼴형으로 유명한 드리퍼로 칼리타나 멜리타를 꼽을 수 있습니다. 원뿔형으로 유명한 드리퍼는 하리오와 고노가 있습니다. 또 웨이브형으로 유명한 드리퍼도 칼리타입니다.

원칙적으로는 커피 가루를 거른다는 원리에는 변함이 없지만, 드리퍼의 '모양', '구멍 개수', '크기', '리브(홈)'의 유무에 따라 맛이 달라집니다.

주로 드리퍼 내에 물이 대류하는 시간이 길어지거나 짧아지면서 유속이 빨라지거나 느려집니다. 그 결과, 맛이 산뜻해지거나 농도감이 올라가거나 바디감이 생기는 등 맛이 다양해집니다. 특히 드리퍼의 모양마다 필터 헤드(드리퍼 내의 커피 가루 층)의 깊이가 다릅니다. 필터 헤드의 깊이는 추출 시간에 영향을 미쳐 드립 커피의 맛에도 큰 영향을 줍니다.

이 현상은 다공질의 매체를 통과하는 액체(이 경우에는 필터 헤드를 통과하는 물)의 움직임을 나타내는 '다르시의 법칙'으로 설명할 수 있습니다. 이 법칙에 따르면 물이 필터 헤드를 통과하는 거리가 멀어질수록 물의 유속이 감소합니다. 즉, 필터 헤드가 깊으면 물이 통과할 때까지 시간이 걸립니다.

예를 들면 커피 가루의 양과 입자 크기를 완전히 똑같이 하여 추출한 경우, 지름이 좁은 드리퍼보다 지름이 넓은 드리퍼가 유량이 증가하므로 물이 쉽게 통과할 수 있습니다.

이처럼 드리퍼의 모양을 이해한 후 추출하면 더욱더 본인의 맛 취향에 가까운 커피를 추출할 수 있습니다. 따라서 커피 자체의 풍미 특성이나 로스팅 정도, 블렌드 커피인지 싱글 커피인지 등 맛과 취향에 따라 드리퍼를 정하면 됩니다.

그림 11 투과 속도의 차이

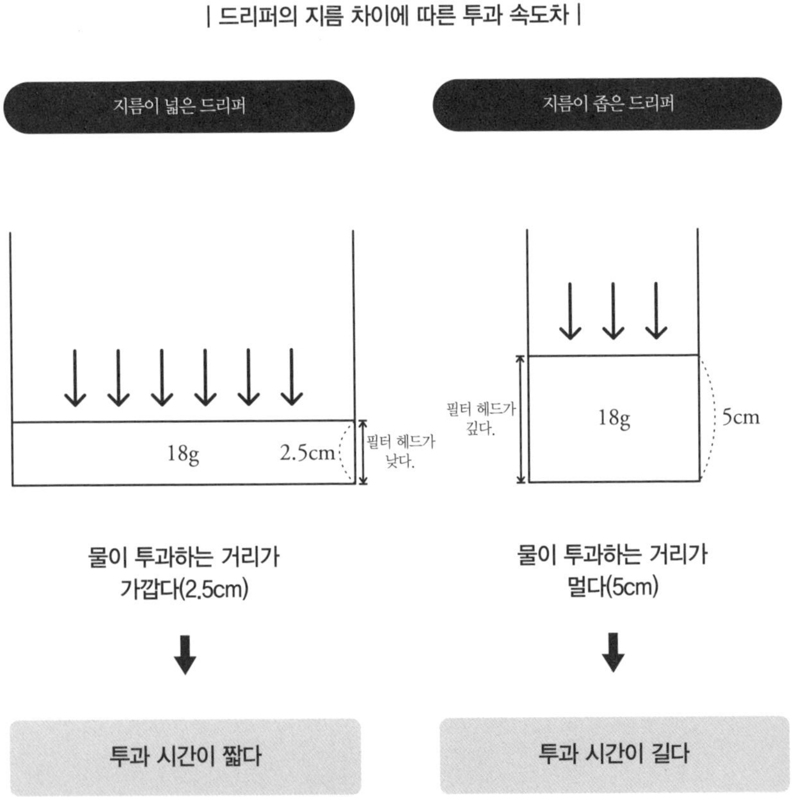
| 드리퍼의 지름 차이에 따른 투과 속도차 |
지름이 넓은 드리퍼
18g
2.5cm
필터 헤드가 낮다.
물이 투과하는 거리가 가깝다(2.5cm)
투과 시간이 짧다
지름이 좁은 드리퍼
필터 헤드가 깊다.
18g
5cm
물이 투과하는 거리가 멀다(5cm)
투과 시간이 길다

●● **시판 중인 주요 드리퍼**

- 하리오(원뿔, V60)
- 칼리타(사다리꼴, 구멍 3개)
- 칼리타(웨이브식)
- 멜리타(사다리꼴, 구멍 1개)
- 고노(원뿔, 리브 짧음)

위 드리퍼가 가장 일반적인 드리퍼입니다. 어떤 드리퍼이든 맛이 다 똑같다고 생각할 수 있지만, 드리퍼의 모양과 구멍 개수, 리브(홈)의 길이, 소재에 따라 맛이 달라집니다. 또 각각의 드리퍼에는 전용 종이 필터가 따로 있습니다.

제가 개인적으로 선호하는 드리퍼는 오리가미(Origami) 드리퍼입니다. 비교적 최근에 나온 드리퍼로 소재가 세라믹(자기)임에도 불구하고 무게가 가볍고 고온 추출이 가능한 드리퍼죠. 칼리타의 웨이브 필터나 V60의 필터를 사용할 수 있으므로 취향에 따라 유속도 제어할 수 있습니다.

이어서 드리퍼에 따른 구체적인 맛의 차이와 어떻게 하면 취향에 맞는 드리퍼를 선택할 수 있는지 그 방법을 자세히 설명해드리겠습니다.

그림 12 주요 드리퍼에 따른 물 빠짐과 농도감의 차이

※ 동일 조건으로 추출했을 경우

모양	제조사	드리퍼	물 빠짐(속도)	농도감
원뿔 V60	하리오		빠름 ↑	낮음 ↑
원뿔 리브 짧음	고노			
웨이브	칼리타			
사다리꼴 구멍 3개	칼리타			
사다리꼴 구멍 1개	멜리타		↓ 느림	↓ 높음

전 세계의 톱 바리스타에게 사랑받는
오리가미 드리퍼(주식회사 케이아이)

{'유속'이 농도감을 바꾼다}

앞서 투과법의 메커니즘과 드리퍼의 종류를 알려드렸으니 이제 드리퍼가 맛에 어떻게 영향을 미치는지에 관해 소개해보고자 합니다.

드리퍼의 모양, 구멍 개수, 리브의 차이는 물이 필터 헤드라 불리는 커피 가루 층을 통과하는 속도, 이른바 유속(추출 시간)에 영향을 미칩니다. 유속이 빠르면 물과 커피 가루의 접촉 시간이 짧아지고, 반대로 유속이 느리면 물과 커피 가루의 접촉 시간이 길어집니다.

따라서 똑같은 레시피를 사용해서 서로 다른 드리퍼로 추출했을 때를 비교해보면 유속에 큰 차이가 생겨 전혀 다른 커피 맛이 됩니다.

유속이 빠르면 커피 맛은 깔끔해지고 유속이 느리면 커피 맛에 무게감이 생깁니다. 유속은 추출액의 농도감에 영향을 미친다고 생각하시면 됩니다. 즉 정리하면 다음과 같습니다.

농도감이 진한 커피 ➡ 유속이 '느린' 드리퍼를 선택한다.

농도감이 연한 커피 ➡ 유속이 '빠른' 드리퍼를 선택한다.

유속이 빠른 순서로 드리퍼를 나열하면 134쪽의 [그림 12]와 같습니다. V60은 바닥 면이 있는 추출구가 크고 리브도 길어서 물 빠짐이 좋은 드리퍼입니다. 물 빠짐이 좋은 만큼 유량을 조절하여 농도감도 조절하기 쉬운 드리퍼입니다. 깔끔한 농도감을 원하는 사람에게 적합합니다.

마찬가지로 고노 드리퍼도 바닥에 있는 추출구가 큰 것이 특징이지만, 리브가 V60보다 짧고 물 빠짐은 비교적 느리므로 V60보다 적은 농도감을 원하는 경우에 가장 적합한 드리퍼라 할 수 있습니다.

웨이브식 드리퍼의 '웨이브'는 정확히 말해 필터를 나타냅니다. 구멍은 3개지만, 배치가 칼리타 드리퍼의 방식과는 다릅니다. 구멍이 3개인 칼리타 드리퍼는 구멍이 직렬로 배치되어 있지만, 웨이브식 드리퍼는 원을 그리듯이 배치되어 있으며 바닥 면은 평평하여 물과 가루가 확실히 접촉할 수 있도록 만들어졌습니다.

그러나 웨이브식 필터 덕분에 드리퍼 자체와 필터의 접촉면이 적으므로 물 빠짐도 비교적 좋은 드리퍼입니다.

앞서 언급했듯이 구멍이 3개인 칼리타식 드리퍼는 바닥 면의 구멍이 3개가 직렬로 배치된 드리퍼입니다. 물과 커피 가루가 확실히 접촉되어 유속이 비교적 느리므로 농도감이 있는 맛을 선호하는 분께 적합한 드리퍼라 할 수 있습니다.

멜리타식 드리퍼는 세계 최초의 페이퍼 드리퍼를 개발한 회사로 유명한 멜리타에서 개발한 드리퍼입니다. 멜리타식 드리퍼의 특징은 바닥에 구멍이 1개가 있다는 점입니다. 당연히 구멍이 1개이므로 물과 커피 가루가 마지막까지 확실히 접촉된 상태로 추출되므로 농도감이 있는 커피를 즐길 수 있습니다.

이처럼 같은 드리퍼라 하더라도 그 모양과 구멍 개수 그리고 사용되는 필터 모양에 따라 유속이 달라지고 그 결과 농도감과 재현되는 맛이 달라집니다. [그림 12]의 드리퍼에 따른 유속의 차이를 기준으로 하여 본인 취향의 농도감(맛)에 가까운 드리퍼를 선택하여 커피 맛을 만들어 나가봅시다.

{드리퍼의 '소재'로도 커피 맛이 바뀐다}

드리퍼의 소재가 맛에 어떤 영향을 미치는지 생각해본 적 있으신가요? 대부분은 드리퍼의 디자인이나 사용 방법, 내구성 등을 기준으로 구매를 결정하겠지만, 정작 커피 맛에 영향을 주는 부분은 드리퍼의 소재입니다.

드리퍼에 사용되는 주요 소재에는 플라스틱, 세라믹, 유리, 금속이 있습니다. 드리퍼의 소재가 맛에 영향을 미치는 이유는 비열과 열전도율이 주요 원인이 됩니다.

비열이란 '1g인 물질의 온도를 1도 올리기 위해 필요한 에너지양'을 가리키며, 열전도율이란 '열을 전하는 속도'를 가리킵니다. 따라서 소재에 따라 쉽게 열이 오르거나 식는 소재도 있고 쉽게 열이 오르지 않거나 식지 않는 소재도 있습니다.

플라스틱은 가장 저렴하게 구매할 수 있는 드리퍼입니다. 플라스틱은 쉽게 열이 오르지 않지만, 쉽게 열이 식지 않는 소재이므로 추출 온도를 유지하려 할 때는 적합한 소재입니다. 게다가 내구성도 높아서 저도 출장을 가거나 여행할 때는 자주 들고 다닙니다.

세라믹은 드리퍼 중에서 가장 사랑받는 소재 중 하나입니다. 우아하고 중후한 외관 덕에 인테리어용으로도 좋고 '드리퍼라고 하면 세라믹'이라는 이미지를 떠올리는 분도 많을 것입니다.

세라믹은 플라스틱보다 보온성이 뛰어난 소재이지만, 주의해야 할 점은 '플라스틱보다 무겁다'라는 점입니다. 무게가 무거우면 추출 온도가 급격히 낮아지므로 세라믹 드리퍼를 사용할 때는 추출 전에 미리 데워둬야 합니다.

유리 소재는 비열도 비교적 낮고 무게는 세라믹 소재의 절반 정도 되므로 열의 흡착도 쉽게 일어나지 않아 드리퍼로 비교적 사용하기 편리한 소재라 할 수 있습니다. 또 우아한 외관을 자랑하는 소재입니다.

금속은 비열이 낮고 열전도율은 높으므로 금방 원하는 추출 온도까지 도달할 수 있습니다. 하지만 금속제 드리퍼의 무게는 가벼우며 플라스틱, 세라믹, 유리 소재보다 쉽게 온도가 내려가므로 장시간 추출하기에는 그다지 적합하지 않습니다.

제대로 데워서 사용하기만 한다면 세라믹 드리퍼를 더 추천해드립니다. 세라믹 드리퍼는 확실히 데워주기만 하면 보온성도 뛰어나고 쉽게 추출 온도를 유지할 수 있는 소재입니다. 추출 시간을 약 3분 정도로 한다면 금속 드리퍼도 추천할 만한 드리퍼입니다. 금속 드리퍼는 추출하기 시작할 때부터 고온으로 추출할 수 있으므로 일관되게 고온으로 추출할 수 있습니다.

다양한 드리퍼. 모양이나 구멍 개수, 소재 등에 따라 맛이 달라진다.

Column

농도를 바꿔서 취향을 찾다

커피의 풍미나 질감으로 대표되는 맛은 주관적인 표현이며, 개인의 기호에 따라 그 평가는 큰 영향을 받습니다. 한편 '농도감'은 객관적인 수치로 나타낼 수 있으며, 수치에 따라 기호에 맞는 맛을 조절할 수 있죠.

이 글에서는 '농도감의 정도'로 취향을 찾는 방법을 소개해드리고자 합니다. 맛에 영향을 미치는 요소는 불확실하고 불특정 다수의 요소로 가득 차 있지만, 농도감은 어느 정도 예측 가능하며 논리적인 재현성을 갖추고 있습니다.

농도는 크게 '로스팅 정도, 물의 온도, 입자 크기, 드리퍼'에 영향을 받습니다. 특히 큰 영향을 미치는 요소가 로스팅 정도입니다. 로스팅 정도가 진할수록 농도도 진해집니다. 이는 결국 용해도(물에 커피의 성분이 녹는 비율)가 높아지는 것에 영향을 줍니다.

물의 온도도 농도감에 영향을 미칩니다. 온도가 올라갈수록 용해도는 높아지므로 막 끓은 물보다 80℃로 추출했을 때의 농도가 더 연해집니다.
입자의 크기는 작을수록 농도감이 진해집니다. 원두의 표면적이 늘어날수록 물과 닿는 면적이 늘어나므로 결과적으로 농도가 진해집니다(입자 크기를 작게 하여 농도를 진하게 만드는 데에는 한계가 있습니다). 앞서 설명했듯이 드리퍼의 바닥 부분의 구멍 개수나 모양에 따라 농도감이 달라집니다. 예를 들면 '프렌치 로스팅 + 고온 + 고운 입자 + 멜리타 드리퍼'는 농도감이 진해지고 '라이트 로스팅 + 저온 + 거친 입자 + 하리오 V60 드리퍼'는 농도감이 연해집니다. 농도감이 진할수록 쓴맛을 느끼기 쉽고 농도감이 연할수록 신맛을 느끼기 쉽습니다.

본인 취향에 맞는 농도감을 파악하여 기분에 따라 추출 방식을 달리 할 수도 있습니다. 예를 들면 아침에 평소와 다른 맛을 마시고 싶다면 다른 드리퍼를 사용하거나 사다 놓은 커피가 프렌치 로스팅이라 생각보다 너무 쓴 경우에는 온도를 달리하여 내려보는 등 '로스팅 정도, 물의 온도, 입자 크기, 드리퍼' 중 하나를 조절하여 농도감을 조절할 수 있습니다.

농도감에 영향을 주는 순서는 '로스팅 정도 〉 입자 크기 〉 물의 온도 〉 드리퍼'이므로 본인 취향에 맞는 농도를 쉽게 찾을 수 있을 것입니다.

Chapter 4

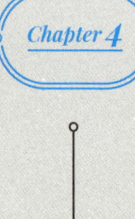

전문가에 버금가는 최강의 추출 방법

이 장에서 알 수 있는 내용

- 무게, 시간, 온도의 조절법
- 물을 따르는 방법(유량, 유속, 횟수, 높이)
- 뜸들이는 비결
- 물을 선택하는 방법

물과 커피 가루를 효율적으로 섞는 여섯 가지 규칙

{원두 성분의 30%만 뜨거운 물에 녹는다}

앞에서 맛있는 커피를 만드는 추출 비법이란 '물과 커피 가루를 최적의 비율로 효율적으로 섞는 작업'이라고 설명했는데, 그렇다면 왜 '효율적'으로 섞어야만 할까요?

추출에 대한 정의를 내리자면 물과 커피 가루를 섞어서 커피의 성분이 물로 이동하는 현상이라고 할 수 있는데 추출에서 커피의 성분을 100% 용해시키는 것은 불가능합니다. 왜냐하면, 커피 원두의 약 70%가 물에 녹지 않는 불용성 고형분으로 구성되어 있고, 물에 녹을 수 있는 가용성 고형분은 30%뿐이기 때문입니다.

따라서 얼마나 효율적으로 커피의 성분을 물로 이동시킬 수 있는지가 추출에서 가장 중요합니다.

더욱더 효율적으로 추출하려면 향, 풍미, 혀끝에 느껴지는 맛 등 '커피만큼 복잡한 음료는 없다'라고 할 정도로 신경 써야 하는 부분이 많습니다. 커피를 커피답게 만드는 맛과 양은 화학 물질의 조합에 따라 탄생됩니다. 그런 복잡한 음료인 커피의 추출 방법도 복잡한 공정과 변수로 구성되어 있습니다.

백 번 추출했을 때 백 번 모두 완전 똑같은 맛을 추출하는 일은 거의 불가능에 가깝습니다. 그 정도로 커피의 맛에 영향을 주는 요소가 다양하게 존재합니다.

그렇기 때문에 가능한 한 재현성이 높은 방법을 선택하는 것, 즉 '숫자'를 통해 추출의 재현성을 높이는 것이 중요합니다. 그 숫자의 중요성을 이어서 풀어나가고자 합니다.

“ 커피 원두의 70%는
물에 녹지 않는다.

따라서 나머지 30%의 성분을
얼마나 효율적으로 물에 이동시킬 수 있는지가 중요”

{숫자는 거짓말을 하지 않는다}

더욱더 맛있는 커피를 재현성 높게 추출하려면 다음의 여섯 가지 사항을 계측하여 이를 준수해야만 합니다.

추출의 여섯 가지 규칙

① 원두의 무게

② 물의 무게

③ 추출 시간

④ 온도

⑤ 뜸들이기

⑥ 물을 따르는 방법(유량, 유속, 횟수, 높이)

그러면 순서대로 설명해 드리겠습니다.

❶ 원두의 무게

여러분은 어떻게 커피 원두를 계량하고 계신가요? 아마 가장 일반적인 방법은 계량 스푼으로 계량하는 방법일 것입니다. 계량 스푼으로 딱 한 스푼이 커피 컵 한 잔 분량, 두 스푼이 두 잔 분량 정도 된다고 알고 계신 분도 계실 것입니다.

이러한 방법이 가정에서 사용하기 간단하므로 좋은 방법이기는 하나, 더 맛있는 커피를 즐기고 싶은 분께는 추천해드리고 싶은 방법은 아닙니다. 왜냐하면, 스푼을 사용한 계량 방법은 커피의 부피를 기준으로 하지만, 커피 원두는 로스팅 정도에 따라 무게가 달라지기 때문입니다.

극소량이기는 하나 로스팅 원두에는 수분이 포함되어 있고, 그 수분량은 로스팅 정도에 따라 달라집니다. 한 알당 원두의 무게는 로스팅 정도가 진할수록 가벼워지고 연할수록 무거워집니다.

계량 스푼을 사용한 계량 방법은 커피 원두의 부피가 기준이 됩니다. 커피의 부피는 라이트 로스팅을 하든 프렌치 로스팅을 하든 똑같지만, 무게는 달라지므로 일정하지 않은 맛의 원인이 될 수 있습니다. 또한 커피 원두는 품종에 따라 원두의 크기도 다르므로 계량 스푼으로는 일관되게 계량하기 어렵다는 단점이 있습니다.

이러한 이유로 커피 원두는 '스케일(전자저울)'로 무게를 측정하는 것이 정확성을 높일 수 있습니다. 스케일로 무게를 측정하면 라이트 로스팅이든 프렌치 로스팅이든 항상 무게를 똑같이 맞출 수 있습니다.

❷ 물의 무게

사용하는 물의 양도 잘 계량해야 합니다. 평소 여러분이 추출할 때 기준으로 삼는 것은 분명 드립 서버의 눈금일 것입니다. 예를 들면 드립으로 추출할 때 '이 눈금 정도 되면 몇 잔 정도 나오겠지?'라는 기준으로 추출할 것입니다. 드립 서버의 눈금은 어디까지나 제조사에서 표시한 '기준' 눈금량입니다. 또 추출량은 눈금을 보는 각도에 따라 크게 달라질 수 있으므로 추출량이 일정하지 않을 수 있죠.

따라서 맛있는 커피를 추출하려면 추출량이 아니라 '추출에 사용하는 물의 양'을 계량하시기를 추천해드립니다. 계량한 커피 가루, 추출 기구(드리퍼, 종이 필터, 드립 서버 또는 컵)를 스케일에 올려놓고 0

커피 전용 스케일을 사용하면
원두, 물의 무게, 추출 시간을 간단히 측정할 수 있다.

으로 설정하면 추출에 사용하는 물의 양만 스케일로 계측할 수 있습니다. 즉, 추출 중에 추가하는 물의 양을 추출하기 시작했을 때부터 끝날 때까지 계속 파악할 수 있습니다.

구체적인 순서는 다음과 같습니다.

(1) 계량한 커피 가루를 추출 기구에 넣는다.

(2) 커피 가루를 넣은 추출 기구 채로 스케일에 올려놓고 0으로 설정한다.

(3) 정해진 물의 양에 도달하면 추출을 끝낸다.

앞서 추출이란 '물과 커피 가루를 최적의 비율로 효율적으로 섞는 작업'이라 설명했지만, 추출 성공의 비결은 커피 원두의 무게뿐만 아니라 사용하는 물의 무게를 조절하는 것이 중요합니다.

❸ 추출 시간

세 번째는 추출 시간을 계측하는 것입니다. 추출 시간이 그날의 기분에 따라 달라지면 애써 커피 원두의 무게나 물의 양을 계측한 노력이 쓸모없어 집니다. 추출 시간이란, 즉 물과 커피 원두가 접촉하는 시간을 의미합니다. 물이 커피 원두와 접촉한 시간에 따라 커피의 농도, 맛에 영향을 미칩니다.

이상적인 추출 시간은 추출 방법에 따라서 달라지기도 합니다. 또한 같은 추출 방법 내에서도 만들어내려는 맛에 따라 추출 시간이 달라집니다. 드립을 할 때의 일반적인 추출 시간은 '2~3분'입니다. 추출 기술을 향상하려면 일관성 있게 추출 시간을 지키는 것이 중요하죠.

'일반적'이라고 표현한 이유는 이 책에서는 추출 시간의 기준을 '3~4분'으로 설정했기 때문인데 이에 관한 내용은 나중에 자세히 설명해드리겠습니다.

안타깝게도 추출을 습득하는 데 있어 생두의 품질이나 상태, 로스팅, 보관 방법 등, 추출만으로 조절할 수 없는 요소도 많이 있습니다. 하지만 집에서도 맛있는 커피를 즐기려면 숫자로 조절할 수 있는 요소를 최대한 조절하여 현재 상황보다 악화하지 않도록 하는 '준수하는 추출 방식'도 중요합니다.

❹ 온도

네 번째는 추출 시에 사용하는 온도를 제어하는 것입니다. 전제

조건으로 물이 최대한의 추출력을 발휘하는 온도는 '100℃'임을 기억해두시기 바랍니다. 하지만 물의 추출력이 최대한으로 도달한다는 뜻은 결국 바람직한 성분과 바람직하지 않은 성분을 동시에 최대한으로 끌어낼 가능성이 있다는 뜻도 됩니다.

온도를 조절하는 데 있어 중요한 점은 로스팅 정도에 맞는 온도를 아는 것, 그리고 본인 취향에 맞는 농도감을 끌어내는 온도를 아는 것입니다.

드리퍼는 구조상 물과 공기가 접촉하는 표면적이 크므로 추출 중 추출 온도는 좋든 싫든 점점 내려가게 되어 있습니다. 예를 들면 통풍이 잘되는 장소나 냉난방기 바로 아래에서 드립을 할 때는 더욱 더 확실히 추출 온도가 내려가므로 드립을 하는 장소에도 세심한 배려가 필요하죠.

또한 사전에 드리퍼를 데우지 않았거나, 드리퍼의 소재에 따라서도 추출 온도는 눈에 띄게 내려갑니다. 아무리 추출하는 물의 온도를 조절하더라도 추출 환경에 따라 추출 온도는 변화할 가능성이 있습니다.

따라서 로스팅 정도에 따른 본인 취향의 농도감을 끌어내는 추출하는 물의 온도를 찾은 후, 추출 온도의 저하를 방지하기 위해 최선을 다하는 것이 중요합니다.

❺ 뜸들이기

다섯 번째는 뜸들이기입니다. 일반적으로 뜸들이기의 목표는 '커피를 돔 형태'로 만드는 것이며 이 '커피 돔'이 제대로 만들어지지 않으면 뜸들이기에 실패했다고 여기는 분들이 있는데 '커피 돔'이 잘 만들어지든 아니든 추출 성패에는 아무런 관련도 없습니다.

커피 돔의 정체는 물과 반응하며 발생한 이산화탄소입니다. 이산화탄소는 로스팅으로 인해 발생하며 로스팅 원두에는 반드시 포함되어 있습니다. 이산화탄소는 로스팅이 진해질수록 많이 발생한다고 알려져 있고 시간이 경과함에 따라 천천히 원두에서 방출됩니다.

따라서 커피 돔이 부풀거나 부풀지 않는 것은 이산화탄소 함유량 문제로 뜸뜰이기 기술을 평가하는 지표가 될 수 없습니다. 만약 단순히 커피 돔을 예쁘게 부풀리고 싶다면 고온의 물로 진하게 갓 로스팅한 커피 원두를 추출하면 커피 돔이 예쁘게 부풀어 오릅니다.

따른 물이 드리퍼에서 떨어지지 않아야 성공적으로 뜸들일 수 있다는 그럴듯한 소문도 있지만, 이 또한 올바른 뜸들이기 성공의 지표가 될 수 없습니다. 뜸들이기에서 가장 중요한 점은 '커피 가루 전체에 적당량의 물이 균등히 퍼지게 하는 것'입니다. 커피 가루 전체에 물을 균등히 퍼지게 하면 본 추출에서 추출 효율을 높일 수 있기 때문입니다.

만약 뜸들이기 단계에서 드리퍼 내에 물과 접촉되지 않는 커피 가루가 있다면 물을 두 번째 투입할 때 균일한 추출을 방해하는 원인이 됩니다. 포인트는 뜸들이기 단계에서 물을 따르는 순간에 물이 균등하게 커피 가루 전체에 퍼지게 하여 본 추출 단계에서 효율적으로 가용성 고형분을 만들어내는 것입니다.

이 전제 조건을 지키면서 뜸들이는 시간을 계측하는 것도 매우 중요합니다. 뜸들이는 시간에 관한 자세한 내용은 나중에 자세히 설명해드리겠습니다.

❻ 물을 따르는 방법(유량, 유속, 횟수, 높이)

물을 따를 때의 유량과 유속도 계측해야 할 중요한 요소입니다.

유량이란 주전자에서 따르는 물의 양을 의미하며, 유속이란 주전자에서 따르는 물의 속도를 의미합니다. 유량과 유속은 커피의 맛에 적지 않은 영향을 미칩니다.

그 이유는 주전자에서 따를 때 발생하는 물줄기로 드리퍼 내의 커피 가루가 균등히 섞이는지에 따라 추출 효율에 변화가 생기기 때문입니다. 드리퍼 내의 커피 가루를 물줄기로 효율적으로 균등히 섞을 수 있다면 가용성 고형분을 효율적으로 만들어낼 수 있습니다.

효율적으로 섞고 싶다면 강한 물줄기가 나오도록 물을 빠르게 따르면 된다고 생각할 수도 있지만, 너무 빠른 유량과 유속에서는 커피 가루가 일부만 섞이고 강한 물줄기 때문에 뚫린 필터 헤드에서 물이 빠져나와 추출액의 농도가 연해지는 결과를 초래할 수 있습니다.

반대로 유량과 유속이 너무 느려도 커피 가루가 물에 접촉되지 않아 덩어리가 생겨 과소추출의 원인이 될 수 있습니다. 이상적인 유량과 유속은 드리퍼 내 커피 가루가 중력을 이겨내 드리퍼 안을 떠다니면서 전체가 균등히 섞이는 상황이라 할 수 있습니다.

적절한 유량과 유속은 다음과 같습니다.

뜸들이기 ➡ 초속 3~4㎖ 정도

본 추출 ➡ 초속 5~7㎖ 정도

자신의 유량과 유속을 알아보려면 물을 넣은 주전자, 텅 빈 드립 서버 또는 머그잔, 스케일, 타이머를 준비하고, 타이머가 시작함과 동시에 10초 정도 평소의 유량과 유속대로 머그잔이나 드립 서버에 물을 따라 보시기 바랍니다. 그렇게 하면 1초마다 어느 정도의 물을 따르고 있는지 알 수 있습니다. 예를 들면 20초에 60㎖의 물을 따른 경우, 유량과 유속은 초속 3㎖가 됩니다.

초속 1~2㎖면 느리고 10㎖라면 너무 빠릅니다. 뜸들이기는 초속 3~4㎖ 정도, 뜸들인 후에는 5~7㎖ 정도가 물이 흐르는 힘으로 효율적으로 드리퍼 내의 커피 가루를 섞을 수 있는 적절한 속도입니다.

물을 따르는 높이는 수면에서 5cm 정도를 기준에 두십시오. 물을 따르는 높이는 물줄기 강도에 영향을 미쳐 드리퍼 안에서 섞이는 정도에도 영향을 미칩니다. 물을 따르는 높이는 너무 낮아도, 그렇다고 너무 높아도 물과 커피 가루를 균등히 섞을 수 없으므로, 5cm

정도를 기준으로 조절해서 따라 보십시오.

추출에서 지켜야 할 숫자 규칙은 '원두의 무게', '물의 무게', '추출 시간', '온도', '뜸들이기', '물을 따르는 방법' 이렇게 여섯 가지입니다.

이어서 이 여섯 가지 규칙을 지켜서 맛있는 커피를 내리는 데 필요한 커피 원두와 물의 적절한 비율을 나타내는 '추출 비율'을 소개해드리겠습니다.

그림 13 추출의 여섯 가지 규칙

1	원두의 무게	로스팅 정도에 따라 무게가 바뀌므로 계량 스푼은 부피를 측정하기보다 스케일로 무게를 측정해야 한다.
2	물의 무게	대략적인 눈금으로 몇 잔인지 양을 측정하지 않고 사용할 물의 무게를 측정해야 물과 원두의 올바른 비율을 유지할 수 있다.
3	추출 시간	일관성 있게 맛을 유지하려면 추출에 걸리는 시간을 관리해야 한다. 너무 길어지지도, 짧아지지도 않도록 적절한 시간으로 조절한다.
4	온도	온도에 따라 농도감은 크게 달라진다. 로스팅 정도에 따라 온도를 조절해야 취향에 맞는 맛을 좀 더 쉽게 찾을 수 있다.
5	뜸들이기	커피 가루에 물을 신속하고 균등하게 따라서 본 추출에서 효율적으로 추출하는 것이 목적이다. 커피 돔이 부풀어 오르는 모습과는 관계없으니 주의하자.
6	물을 따르는 방법	유량, 유속, 횟수, 높이처럼 물을 따르는 방법에는 몇 가지 비결이 있다. 물에 커피 가루를 균등히 접촉시키기 위한 최적의 수치가 있다.

{ 전문가가 사용하는 맛의 방정식 - 비결은 '추출 비율' }

커피를 추출할 때는 숫자를 활용하면 맛에 일관성이 생기고 재현성을 확연히 높일 수 있습니다. 하지만 막상 추출할 때 어느 정도의 커피 원두와 물을 사용해야 할지 이해하고 있지 않으면 아무런 소용이 없습니다. 그래서 이때 중요한 점이 바로 '추출 비율'입니다.

추출 비율이란 커피 원두와 물의 이상적인 비율을 나타냅니다. 추출에 이상적인 커피 원두와 물의 비율을 나타내는 중요한 지표로, 전문가들도 이 추출 비율을 이용해서 레시피를 만들어냅니다.

예를 들면 드립 커피에 이용되는 국제적으로 일반적인 추출 비율은 커피 원두를 1, 물의 양을 16으로 하는 비율입니다. 즉 '1:16'이라는 비율이죠. 만약 20g의 커피 원두를 사용하여 추출할 때 물의 양은 20×16이므로 320g의 물이 필요합니다.

이 비율은 전문가의 세계에서 선호하는 방법으로 숫자를 계산하기 복잡하므로 이 책에서는 100g당 커피 원두가 몇 g이 필요한지 알려드리고자 합니다.

드립의 추출 비율은 다음의 비율을 기준으로 하여 레시피를 만들어 보시기 바랍니다.

추출 비율의 기본 ➡ 물 100g당 커피 원두 6~8g

예를 들어 두 사람이 커피를 마시려면 약 300g의 물이 필요합니다. 물 100g당 커피 원두를 6g 사용하는 추출 비율을 채용하는 경우, 필요한 커피 원두의 양은 18g이 됩니다(드립 커피의 경우, 커피 가루 1g당 2mℓ 정도의 수분을 함유하므로 추출량은 300g이 되지 않습니다).

커피 원두의 양에 여유를 두는 이유는 위의 추출 비율의 범위 내에서 취향에 맞는 농도감을 조절해야 하기 때문입니다. 제가 선호하는 농도감과 여러분이 선호하는 농도감이 반드시 일치하지는 않으므로 이 비율을 기준으로 삼아 취향에 맞는 농도감을 찾아보시기 바랍니다.

그림 14 추출 비율의 기본 공식

	물의 무게		원두의 무게
기본 비율	100g	:	6(~8)g
	↓ ×3		↓ ×3
커피잔 2잔 분량	300g	:	18(~24)g
가득 찬 2잔 분량	500g	:	30(~40)g

{맛있게 커피를 내리기 위한 기본 추출 레시피}

추출 비율과 마찬가지로 추출 레시피도 숫자를 바탕으로 만들어야 합니다. 추출의 일관성을 유지하려면 추출 비율뿐만 아니라 추출 레시피도 엄밀히 수치로 관리해야 합니다. 그래야 맛이 본인 취향이 아니라면 원인을 특정하거나 개선하기 쉽기 때문입니다.

추출은 크게 나누면 2단계가 있습니다. 제1단계가 '뜸들이기', 제2단계가 '본 추출'입니다. 여기에서는 제가 평소에 사용하는 레시피를 소개해드리고자 합니다.

제1단계인 '뜸들이기'에서는 사용할 물 중에서 20%의 양을 따르고 제2단계인 '본 추출'에서 나머지 80%를 20%와 60%로 두 차례에 걸쳐서 따릅니다. 만약 300g의 물로 추출할 때는 60g을 뜸들이기 단계에서 사용하고, 그 후 60g과 180g을 추출 단계에서 사용하는 것입니다.

20%, 20%, 60%로 추출을 세 부분으로 나누면 100g으로 추출하

든 400g으로 추출하든 간단히 레시피를 변경할 수 있습니다. 또한 농도를 만들어내는 가용성 고형분은 추출 전반에 거의 녹으므로 물을 두 번째 투입할 때까지 어느 정도의 농도에 도달할 수 있도록 레시피를 구성하고 있습니다.

하지만 이 레시피는 물을 세 번만 투입해서 추출을 완료할 수 있다는 편리함은 있지만, 과소추출이 될 가능성도 높은 추출 방법입니다. 그래서 중요한 점은 '뜸들이는 시간'입니다. 이 뜸들이기 공정의 성패에 따라 농도나 맛이 크게 변화하므로 이어서 자세히 설명해드리도록 하겠습니다.

“숫자를 바탕으로

맛의 일관성을 유지하여

계속해서 최고의 커피를 내린다.”

그림 15 물의 유속, 유량, 물 따르는 횟수

※ 300g의 커피를 내릴 때

	물 따르기	물의 비율	물의 양	유속	작업 시간		누계 시간[1]
뜸들이기	첫 번째 투입	20%	60g	3~4㎖/초	물 따르기 약 15초 / 대기하기 약 45초	약 1분	1분 경과
본 추출	두 번째 투입	20%	60g	5~7㎖/초	물 따르기 약 15초 / 대기하기 약 50초	약 1분	2분 경과
본 추출	세 번째 투입	60%	180g	5~7㎖/초	물 따르기 약 30초 / 대기하기 약 30초~1분 30초 (물이 다 떨어질 때까지 기다린다)	약 1~2분	3~4분[2] 경과

1. 물을 따름과 동시에 타이머를 켜주십시오.
2. 3~4분 내에 물이 다 떨어지지 않을 때는 입자 크기를 조절해주십시오.

{뜸들이는 방법에 따라 추출의 성패가 결정된다}

뜸들이기는 물과 커피 가루가 처음으로 접촉되는 단계라 할 수 있습니다. 이 뜸들이기 단계에서 최종적으로 커피의 성분이 얼마나 효율적으로 추출될지 여부가 결정된다고 볼 수 있습니다.

즉, 뜸들이기를 통한 커피의 성분을 효율적으로 추출하기 위한 첫걸음은 가용성 고형분을 효율적으로 만들어내는 역할을 합니다. 가용성 고형분을 효율적으로 추출할 수 있다는 뜻은 커피 본래의 단맛, 신맛, 쓴맛 그리고 풍미가 적절히 추출된다고 이해하시면 됩니다.

뜸들일 때는 세 가지 주의사항이 있습니다.

① 물을 따르는 방법

② 뜸들이는 시간

③ 따르는 물의 양

위의 세 가지 주의사항을 준수하여 뜸을 들여보십시오.

❶ 물을 따르는 방법 → '가운데서부터 바깥쪽으로 소용돌이를 그리듯이 따르기', '수면에서 5㎝'

우선 유량과 유속은 초속 3~4㎖를 기준으로 물 따르는 속도를 조절해 주십시오. 물을 따를 때의 높이는 너무 높은 위치에서 물을 따르면 강한 물줄기가 필터 헤드를 뚫어 커피 가루 전체를 균등하게 뜸들일 수 없습니다. 따라서 물을 따르는 높이는 수면에서 5㎝ 정도를 기준으로 따라줍니다.

필터 헤드의 가운데서부터 바깥쪽으로 소용돌이를 그리듯이 천천히 따라서 커피 가루 전체에 물을 따르는 것이 중요합니다. 필터 벽에 물이 닿아도 상관없으니 커피 가루 전체에 물이 퍼지도록 신경을 써서 따라 주십시오.

필터 벽에 물이 닿으면 커피 가루와 닿지 않고 물이 빠져나갈까 봐 걱정이 될 수도 있지만, 필터 벽까지 물을 따르지 않으면 필터 벽 쪽에 있는 커피 가루에 물이 닿지 않을 수 있습니다.

그 결과, 물이 확실히 침투되고 있는 중앙부와 물이 침투되지 않는 필터 측면 부분에 추출 불균형이 일어날 수 있습니다.

❷ 뜸들이는 시간 → '약 1분'

다음으로 알려드릴 부분은 뜸들이는 시간입니다. 일반적으로 뜸들이는 시간은 추출 시작 시부터 '30초 정도'로 알려져 있는데 제 생각은 다릅니다. 30초 정도면 물이 커피 가루 표면에 충분히 침투하지 않은 상태로 본 추출 단계로 넘어가므로 결과적으로 용해도가 낮다는 사실이 검증을 통해 밝혀졌습니다.

검증 결과, 뜸들이기를 '약 1분'에 걸쳐서 진행했을 때 커피 가루의 표면 추출을 촉진하고 용해도가 향상된다는 사실을 알게 되었습니다.

뜸들이는 시간을 아무리 늘린다고 하더라도 커피 가루 안쪽 깊숙이까지 가용성 고형분을 만들 수 없지만, 뜸들이는 시간을 늘리면 커피 가루의 표면부터 효율적으로 가용성 고형분을 본 추출 단계에서 용해시킬 수 있습니다. 결과적으로 커피의 단맛이 더 늘어나고 혀끝에 느껴지는 맛도 향상하므로 꼭 시도해보시기 바랍니다.

❸ 따르는 물의 양 → '전체의 20%'를 '한 번에 다 따르기'

뜸들일 때는 전체에서 사용하는 물의 20%를 기준으로 물의 양을 정해 주십시오. 예를 들어 18g의 커피를 사용하여 300g의 물로 추출하는 경우, 300g의 20%인 60g의 물로 뜸들인다는 계산이 됩니다.

뜸들이기에 사용하는 물이 10%라면 커피 가루 전체에 균등히 물이 퍼지지 않고 30% 이상이면 추출 공정에서 농도감이 목표치보다 연해집니다. 뜸들이기 공정에서는 물을 한 번에 다 따르고, 유량과 유속을 지키면서 가운데서부터 소용돌이를 그리듯이 물의 20%만큼의 양을 커피 가루 전체에 골고루 따라주십시오.

필터 벽에 붙어 있는 커피 가루에 물을 확실히 닿게 하여 추출 불균형을 피한다.

'뜸들이기'는 본 추출에서 원두의 성분을 효율적으로 용해시키기 위해서 중요한 공정이다.

{본 추출 시에 끓인 물을 따르는 기술}

뜸들이기 단계가 끝나면 본격적인 본 추출 단계에 돌입하는데, 이때의 유량과 유속, 물 따르는 방법에 관해 설명해드리겠습니다.

추출 단계의 적절한 유량과 유속은 초속 5~7㎖입니다. 상당히 세세한 수치이지만, 불과 초속 5~7㎖의 유량과 유속만으로 맛에 차이가 생깁니다.

뜸들이기 단계에서 유량과 유속이 증가하는 이유는 물줄기로 드리퍼 안이 잘 섞이도록 촉진해야 하기 때문입니다. 뜸들이기로 본 추출의 준비를 끝낸 커피 가루로 효율적으로 가용성 고형분을 만들어내야 합니다.그러려면 커피 가루를 물줄기로 섞어서 물리적인 충격을 가함으로써 가용성 고형분의 이동을 촉진해야 합니다.

초속 5㎖ 미만이거나 7㎖를 초과하면 드리퍼 안에서 물줄기로 균등히 섞을 수 없습니다. 따라서 유량과 유속은 초속 5~7㎖로 조절해야 합니다.

참고로 5㎖에 가까우면 농도가 조금 진해지고, 7㎖에 가까우면 농도가 조금 연해집니다. 아주 미세하게 조절해야 하지만, 본인 취향에 맞는 커피에 순식간에 가까워지는 방법입니다.

물을 따르는 방법은 가운데서부터 바깥쪽으로 소용돌이를 그리듯이 반복해서 물을 따라서 필터 벽에 물이 닿을 때까지 규정량을 끝까지 따르시기 바랍니다. 처음 물을 따를 때는 반드시 필터 헤드의 가운데서부터 따르시기 바랍니다. 그렇게 해야 커피 가루와 물을 확실히 접촉시킬 수 있습니다.

그 후 서서히 드리퍼 내의 수위가 상승하므로 수위가 충분히 상승하면 필터 벽에 확실히 물이 닿도록 해주십시오.

반복해서 추출하면 미분의 이동이 발생합니다. 원래 큰 커피 가루에 정전기로 달라붙어 있던 미립자가 물과 닿으면서 드리퍼 안을 떠다니다가 물이 잘 빠지는 측면 부분에 달라붙습니다.

하지만 측면 부분에 달라붙어 있으면 입자가 모든 방향에서 물에 닿을 수 있는 환경을 만들 수 없습니다. 그래서 드리퍼 벽에 물을 닿게 하여 커피 가루를 다시 드리퍼 안으로 돌려보냄으로써 물과 확실히 접촉시켜 효율적으로 가용성 고형분을 추출한다는 목적이 있습니다.

본 추출 단계에서는 물의 80%를 20%와 60%로 두 차례에 걸쳐서 따릅니다. 뜸들이기 단계에서 약 1분간 대기한 후, 본 추출 단계로 넘어갑니다. 본 추출 단계의 첫 번째로 투입하는 물의 20%는 초속 5~7㎖의 유속과 유량으로 따르기 시작합니다. 추출 단계의 두 번째로 투입하는 물 20%는 첫 투입 후 약 2분이 경과한 시점에 즉시, 그리고 나머지 60%를 같은 유량과 유속으로 따라줍니다.

따라서 뜸들이기 단계에서 본 추출 단계를 합계하면 다음과 같습니다.

첫 번째 투입 뜸들이기 = 20%(60g) 약 1분

두 번째 투입 본 추출 = 20%(60g) 약 1분(시작 후 2분 후)

세 번째 투입 본 추출 = 60%(180g) 약 1~2분(시작 후 3~4분 후)

합계 300g의 물을 사용해서 약 3~4분 만에 추출하는 셈입니다.

추출 마지막 즈음에 톡 쏘는 맛을 피하려고 드리퍼 내의 물이 모두 떨어지기 전에 드리퍼를 분리하는 방법도 있지만, 굳이 그렇게 할 필요는 없습니다. 그 이유는 사용할 커피 가루의 양과 물의 양으로 이루어진 추출 비율을 미리 조절할 수 있기 때문입니다.

{드리퍼를 흔들어서 균일하게 추출하다}

앞에서 얼마나 커피 가루 전체에 균등히 물을 퍼트릴 수 있는지가 추출의 성패를 가른다고 말씀드렸습니다. 특히 물과 커피 가루가 처음으로 접촉하는 뜸들이기 단계에서 커피 가루 전체에 물을 균등히 퍼트려야 그 후의 본 추출 단계에서 추출 효율이 크게 올라갑니다.

커피 가루와 물이 균등히 골고루 접촉할 수 있는 뜸들이기 환경을 만드는 것이 추출의 키포인트라고 해도 과언이 아닙니다. 그렇게 하면 로스팅 원두에 포함된 이산화탄소를 효율적으로 방출할 수 있고, 추출 중에 물과 커피 가루가 항상 접촉하는 상황을 만들 수 있습니다.

뜸들이기 단계에서 충분히 이산화탄소를 방출하지 못하면 이산화탄소를 머금은 커피 가루는 물에 쉽게 떠오릅니다. 또한 뜸들이기 단계에서 균등히 물과 접촉시키지 못하면 물과 닿지 않은 커피 가루 덩어리가 드리퍼 안에 생겨서 본래보다 용해도가 낮아져 원했던 맛과 거리가 먼 맛이 될 수 있습니다.

커피는 물에 닿는 순간에 성분이 가장 많이 녹아내립니다. 즉 그 타이밍을 놓치면 용해도가 낮아질 가능성이 있습니다. 하지만 물을 단순히 필터 헤드에 따르기만 한다고 해서 물이 쉽게 균등히 퍼지지는 않습니다.

숟가락 등을 이용해 섞는 방법도 있지만, 가장 간단한 방법은 드리퍼를 흔드는 방법입니다. 물을 다 따른 직후에 드리퍼를 양손으로 들고 드리퍼 안 커피 가루와 물을 원을 그리듯이 드리퍼를 3회 정도 흔들어 주십시오.

그러면 커피 가루와 물이 골고루 신속하게 섞여서 효율적으로 뜸을 들일 수 있습니다. 또 세 번째 물 투입을 끝냈을 때도 3회 정도 흔들어서 커피 가루가 드리퍼 측면에 달라붙는 현상을 방지하고 드리퍼 안의 물이 다 떨어질 때까지 물과 커피 가루가 균등히 접촉하는 환경을 만들 수 있습니다.

드리퍼를 양손으로 잡아서
원을 그리듯이 흔들면 효율적으로 잘 섞인다.

{추출 시간보다 중요한 '접촉 시간'}

일반적인 드립의 추출 시간은 2~3분 정도이지만, 저는 추출 시간보다 '접촉 시간'을 신경 써야 한다고 생각합니다.

여기서 말하는 접촉 시간이란 물과 커피 가루가 드리퍼 안에서 실질적으로 접촉하는 시간을 가리킵니다. 예를 들어 앞서 뜸들이는 시간을 평상시보다 길게 약 1분간 둔다고 설명했는데, 물은 약 1분도 드리퍼 안에 체류하지 않습니다. 뜸들이기 시작한 후부터 드리퍼 안의 물이 다 떨어져서 약 1분 경과할 때까지 시간차가 발생하므로 어떻게 해도 추출 시간은 길어집니다.

따라서 이 책에서 말하는 추출 시간은 3~4분을 기준으로 삼으므로 주의해주시기 바랍니다. 또 추출 시간이 3~4분을 초과했을 때는 입자 크기가 너무 작을 가능성이 있으므로 입자 크기를 조금 크게 조절해봅시다.

반대로 3분이 채 되지 않을 때는 입자를 작게 조절해 주십시오. 입자 크기를 조절해서 반드시 추출 시간 내에 끝낼 수 있도록 해야 합니다.

추출 시간으로 추출 품질의 차이를 따지면 '적정한' 추출 시간의 범위를 넘어섰을 때 본능적으로 추출이 '실패'했다고 판단하게 되므로 추천하지 않습니다.

물론 어느 정도의 기준으로 추출 시간을 지켜야 한다는 점은 부정할 수 없지만, 추출에서 더 중요한 점은 추출 시간보다 물과 커피 가루가 실질적으로 접촉하는 시간을 계측하는 것입니다.

따라서 이 책에 기재된 추출 시간은 일반적인 추출 시간 지표보다 길게 설정했습니다. 추출 시간만을 지표로 삼지 않고 물과 커피 가루가 실질적으로 닿는 접촉 시간까지 고려하면 새롭게 느끼는 바가 있을 수 있습니다.

{온도를 통해 '농도감'을 조절하다}

커피 추출에 이상적인 온도의 범위는 취향에 따라 약 80~100℃에서 정할 수 있는데, 제가 평소에 기준으로 삼는 온도는 다음과 같습니다.

물의 온도 ➡ 드립 : 92℃

또 물의 온도는 농도감과 관련이 있으므로 취향에 맞는 농도감이나 맛을 파악한 후, 기준이 되는 온도를 정하시기 바랍니다.

그다음으로 고려해야 할 사항은 로스팅 정도입니다. 로스팅 정도에 따라 이상적인 온도가 달라집니다. 드립일 경우의 기준이 되는 온도는 다음과 같습니다.

라이트 로스팅 ➡ 기준이 되는 온도에서 2~4℃ 높음

미디엄 로스팅 ➡ 기준과 같은 온도

프렌치 로스팅 ➡ 기준이 되는 온도에서 2~4℃ 낮음

왜 로스팅 정도에 따라 이상적인 추출 온도가 변화할까요? 그 이유는 로스팅 정도에 따라 가용성 고형분의 용해도가 달라지기 때문입니다.

로스팅하기 전의 생두 세포는 세포벽이 세포막을 둘러싸는 구조를 띠고 있습니다. 생두의 세포벽은 다른 식물보다 매우 두꺼운 구조를 띠고 있어 로스팅으로 생두에 열을 가해 그 조직을 부드럽게 만들어야 비로소 추출이 가능해집니다.

로스팅이 진해질수록 조직이 부드러워져 에너지를 많이 쓰지 않더라도 가용성 고형분이 물에 녹아 내립니다. 반대로 로스팅이 연할수록 물의 에너지를 이용하여 추출해야 가용성 고형분을 효율적으로 추출할 수 있죠.

따라서 로스팅 정도가 프렌치 로스팅인지, 라이트 로스팅인지 상관없이 같은 온도의 물을 사용했을 때는 과추출이나 과소추출이 될 가능성이 있습니다. 즉, 로스팅 정도에 맞는 온도를 선택하여 적정량의 가용성 고형분을 추출할 수 있습니다.

가용성 고형분을 물에 용해시키는 것이 중요한 이유는 직접적으로 커피 맛에 영향을 미치기 때문입니다. 커피 고유의 단맛, 신맛, 쓴맛 그리고 풍미를 확실히 추출하려면 적정한 양의 가용성 고형분을 물에 녹여내야 합니다. 반대로 적정량의 가용성 고형분을 녹이지 못하면 농도가 연해지거나 신맛이나 톡 쏘는 맛 등이 날 수 있습니다.

또 물의 온도에 따라 커피 맛이 변하는 이유에는 물에도 있습니다. 물은 온도가 올라갈수록 물분자의 운동이 격해집니다. 고온일 때 분자의 열운동이 활성화되므로 커피의 성분을 저온보다 강력하게 녹여낼 수 있는 강한 '추출력'과 직결됩니다.

예를 들어 침지법의 대표 격인 프렌치 프레스는 '물을 끝까지 다 따라내는' 추출 방법입니다. 한 번에 물을 다 따른 후에 기다리기만 하면 될 정도로 물의 추출력에 의존하는 추출 방법으로 바람직한 온도는 약 100℃라 할 수 있습니다.

반대로 투과법의 대표 격인 드립은 '여러 차례에 걸쳐서 간헐적으로 물을 따르는' 추출 방법입니다. 물의 대류를 이용하여 추출을 촉

진하고 신선한 물을 간헐적으로 따라주기 때문에 프렌치 프레스보다 낮은 온도인 92~96℃ 정도가 적합합니다.

이 특성을 이용하면 평상시 사용하던 온도로 커피를 내렸을 때 맛이 너무 진하다는 생각이 들었다면 온도만 내려줘도 농도감이 연해지고, 반대로 더 진하게 마시고 싶을 때는 온도를 올려주면 문제를 손쉽게 해결할 수 있습니다. 농도를 근본적으로 조절하려면 입자 크기 변경이 가장 적합하지만, 온도를 변경하여 대응할 수도 있습니다.

농도를 높이고 싶을 때 ➡ 온도를 2~4℃ '올린다'

농도를 낮추고 싶을 때 ➡ 온도를 2~4℃ '낮춘다'

더 좋은 커피를 마시고 싶다면 본인의 취향에 맞는 맛을 정확히 파악하고 로스팅 정도에 맞는 적절한 온도를 알아낸 후 유연하게 온도에 변화를 줄 필요가 있습니다.

{드리퍼를 데운다}

'실질적인 추출 온도'를 의식하는 것도 중요합니다. 실질적인 추출 온도란 '드리퍼 안에 있는 물의 온도'를 가리킵니다. 즉, 드리퍼 안에서 커피 가루가 몇 도에서 추출되는지가 중요하죠.

앞서 언급했듯이 드리퍼의 소재에 따라서도 실질적인 추출 온도는 바뀝니다. 특히 많은 애호가를 보유한 세라믹제 드리퍼는 드리퍼 자체의 온도에 따라 실질적인 추출 온도가 크게 달라집니다.

예를 들어 겨울처럼 추운 계절에 실온이 5℃ 정도 된다면 드리퍼도 금세 차가워지므로 만약 드리퍼를 데우지 않고 추출한다면 물 온도를 재서 추출하더라도 실질적인 추출 온도가 확 떨어질 수 있습니다.

따라서 드립 할 때는 반드시 드리퍼를 데운 후 추출하시기 바랍니다. 추출에 사용하는 물이라도 상관없으니 드리퍼에 물을 부어 데워졌는지 확인한 후 추출해주십시오.

드리퍼를 데우면 실질적인 추출 온도를 최대한 사용할 물 온도와 가깝게 만들 수 있어 맛의 불균형도 적어집니다.

{커피의 대부분은 '물'}

추출의 여섯 가지 규칙 이외에 맛에 큰 영향을 미치는 요소는 '물'입니다.

드립 커피에서 물이 차지하는 비율은 무려 98~99%나 됩니다. 그리고 나머지 1~2%를 커피 성분(총용해고형분)이 차지하고 있습니다. '진한 농도'로 유명한 에스프레소도 커피 성분은 약 10%고, 90%가 물로 구성되어 있습니다.

물에는 경도라는 지표가 있습니다. '연수', '중경수', '경수'로 분류되어 있어 수중 미네랄량에 따라 경도가 정해지죠. 추출에 이상적인 물의 경도는 1리터당 약 30~80mg으로 '연수'에 해당합니다.

드리퍼에 물을 부어 [illegible]를
사용할 물 온도와 [illegible] 만든다.

저는 약 30~50mg의 경도가 좋다고 판단하여 그 경도 범위에 들어가는 미네랄 워터를 구매하고 있습니다.

참고로 경도는 대체로 미네랄 워터 뒤쪽 라벨에 기재되어 있으므로 이를 참고하여 구매해 주시기 바랍니다. WHO(세계보건기구)에서는 120mg 미만을 연수, 그 이상을 경수로 정했는데 이 기준에 따르면 우리나라의 물은 대부분 연수에 해당합니다.

한편 유럽이나 북미의 물은 경수가 많이 있는데, 대표적으로 에비앙 등이 경수에 해당합니다. 미네랄 워터 추천은 제6장에서 다시 자세히 소개해드릴 예정이니 참조해주시기 바랍니다. 그런데 앞서 '우리나라에서 추출에 이상적인 물의 경도'라는 표현을 쓴 이유는 추출에 이상적인 물의 경도는 나라마다 다르고 경도는 로스팅에도 큰 영향을 미치기 때문입니다.

로스팅이 잘 되었는지 확인할 때 로스터가 가장 먼저 확인하는 부분은 맛입니다. 그때 기준이 되는 것이 바로 물입니다.

로스팅으로 맛을 낼 때는 맛을 확인하고 로스팅을 수정하는 과정을 반복하므로 그 맛은 모두 맛을 낼 때 사용하는 물에 따라 달라집니다. 예를 들어 경도가 높은 물을 기준으로 로스팅할 때는 경도가 높은 물로 맛있게 추출할 수 있도록 로스팅 프로파일을 만들 수 있습니다.

그럼 이 커피를 경도가 낮은 물로 추출하면 로스터가 의도한 맛이 될까요? 아마 로스팅에서 탄 원두가 두드러지게 될 것입니다. 즉, 추출에서 중요한 점은 그 지역에 적합한 물을 사용하는 것입니다. 수돗물을 사용할 때는 정수기를 쓰거나 물을 끓이는 시간을 평소보다 길게 잡아서 석회 냄새를 제거한 상태에서 사용하기를 추천해드립니다.

“ 커피의 99%는 물.

어느 물을 사용할지에 따라
맛이 크게 달라진다.”

{물의 과학 - 추출에 적합한 물의 비밀}

최근 커피 업계에서는 물의 중요성과 함께 과학적인 이해도가 높아지고 있습니다. 큰 계기가 된 것이 2014년 월드 바리스타 챔피언십에서 영국 대표로 나온 맥스웰 콜로나 대시우드(Maxwell Colonna-Dashwood)의 프레젠테이션입니다.

그의 프레젠테이션에서는 당시 영국 바스대학교에 근무했던 크리스토퍼 헨든과의 공동 연구를 통해서 물이 커피의 맛에 영향을 미치는 과학적 배경을 상세히 설명했습니다.

이 프레젠테이션은 업계에 영향을 미쳤고 물에 관한 이해도를 높이는데 크게 기여했습니다. 그 당시까지만 해도 커피 업계에서 물의 중요성은 TDS 수치로 나타냈습니다.

TDS란 '총용해고형분'을 가리킵니다. 간단히 설명하면 물에 녹아 있는 유기물과 무기물의 총량을 나타냅니다. 결국 칼슘이나 마그네슘 등의 미네랄은 물론이고 물에 녹은 모든 용해성 물질의 총량을 말합니다. 예를 들어 2009년 11월에 발표된 스페셜티 커피 협회(구 SCAA)의 '스페셜티 커피를 추출하기 위한 물'이라는 보고서에 따르면 이상적인 물의 규격은 다음과 같습니다.

이상적인 TDS 수치 ➡ 150ppm

허용 범위의 TDS 수치 ➡ 75~250ppm

즉, 커피 추출에 이상적인 수치는 150ppm의 물이며, 허용 범위는 75~250ppm입니다. 참고로 우리나라 수돗물의 TDS는 대체로 100ppm 정도 됩니다. 허용 범위 내에 들어오기는 하지만, TDS의 문제점은 모든 전해질의 총량은 나타낼 수 있지만, 물의 '내용물'은 전혀 알 수 없다는 점입니다.

이러한 TDS의 문제점에 주목했던 사람이 바로 맥스웰이었습니다. 그는 영국의 바스라는 지역에서 카페를 경영하고 있는데 문제점을 발견하기 전에는 여러 로스터로부터 원두를 들여와서 제공했었습니다. 그러던 어느 날, 런던에서 들여온 커피 맛에서 이상하다는 점을 깨달았습니다.

상쾌한 신맛과 상큼한 과일 풍미가 느껴져야 하는데 전혀 다른 맛이 났습니다. 추출에 관해서 할 수 있는 모든 것을 시도하여 커피 맛을 개선하려 했지만, 좀처럼 잘되지 않았습니다.

그래서 구매처인 로스터에 상담도 해보고 문제의 커피를 다시 확인해달라고 요청했지만, '품질에는 아무런 문제가 없다'라는 답변을 받았습니다. 물론 그 담당자는 경력 많은 베테랑으로 거짓말을 할 정도로 불성실한 사람이 아니라는 사실을 맥스웰도 잘 알고 있었습니다.

그래서 맥스웰은 맛 차이를 일으킨 요인은 '물'이 아닐까 하고 가설을 세워서 바스대학교와 함께 공동 연구에 참여하게 되었습니다.

그들은 어느 미네랄이 커피 맛에 어떤 영향을 미치는지 철저하게 분석하고 그 요인 관계를 밝혀냈습니다. 주요 미네랄이 맛에 미치는 영향은 다음과 같습니다.

칼슘 ➡ 주로 질감(바디감과 마우스필*)을 만들어낸다.

마그네슘 ➡ 주로 신맛(과일 맛)을 만들어낸다.

---

*입에 머금었을 때의 질감

칼슘은 추출력이 강한 미네랄로 커피의 농도를 만들어내는 데 중요한 역할을 합니다. 마그네슘은 커피의 풍미를 만들어내는 데 빼놓을 수 없는 미네랄입니다.

칼슘과 마그네슘 모두 커피 추출에서 중요한 미네랄로 각각의 역할을 밝혀냈다는 것은 아주 큰 성과라 할 수 있습니다. 하지만 가장 중요한 발견은 '탄산염 경도'의 역할을 밝혀냈다는 점입니다.

탄산염 경도는 완충재와 같은 역할을 하여 pH의 변화에 대응하는 우수한 성분입니다. 커피 맛을 균형 있게 만들어주어 추출에서 빼놓을 수 없는 존재라 할 수 있죠.

하지만 탄산염 경도의 값이 너무 높으면 풍부한 풍미와 신맛이 사라집니다. 반대로 탄산염 경도의 값이 너무 낮으면 톡 쏘는 맛, 시큼한 맛, 자극적인 맛을 만들어내 커피의 맛이 전체적으로 신맛으로 변합니다.

앞서 언급했던 맥스웰의 카페에서 일어났던 문제는 바로 이 탄산염 경도 때문이었습니다. 설령 TDS값이 허용 범위 내에 있다고 하더라도 탄산염 경도에 큰 차이가 발생하면 근본적으로 커피 맛을 완전히 뒤바꿔 놓을 수 있습니다.

경도가 0이거나 거의 0에 가까운 물(증류수나 RO수)이 커피 추출에 맞지 않은 것은 이러한 이유입니다. 그래서 '커피 추출에 증류수를 써야 한다'라는 광고도 간혹 볼 수 있지만, 미네랄이 없으면 커피 맛을 제대로 낼 수 없으므로 주의해야 합니다.

그렇다면 경도가 높을수록 커피 추출에 바람직할까요? 사실 경도가 너무 높아도 커피 맛이 효율적으로 추출되지 않습니다. 커피의 성분을 끌어내기 위한 물속 공간이 미네랄로 가득 차기 때문이죠. 또 경도가 너무 높으면 어쩔 수 없이 탄산염 경도도 덩달아 올라가 결과적으로 맛에 변화를 줄 수 없으므로 이 방법도 추천하지 않습니다.

물을 바꿔주면 커피 맛은 극적으로 변화합니다. 꼭 여러 종류의 미네랄 워터를 검토하여 취향에 맞는 맛을 재현할 수 있는 물을 찾아보시기 바랍니다.

{세상에서 가장 맛있게 만드는 추출 포인트 정리}

지금까지 자신의 취향에 맞는 '세상에서 가장 맛있는 커피'를 내리기 위해서 필요한 추출 기술과 사고방식에 관해 소개해드렸는데 내용이 조금 어려웠을지도 모르겠습니다.

마지막으로 추출의 여섯 가지 규칙에 맞추어 앞서 언급했던 '추출 비율', '드리퍼 흔들기', '물'처럼 계량이나 추출에 이르는 모든 포인트를 정리하고자 합니다.

소개해드린 정보나 기술은 추출에 대한 저의 사고방식이 반영된 것입니다. 저는 수치를 바탕으로 추출을 설계한 후, 적절한 기술을 이용하고 균일한 추출을 촉진하여 효율적으로 가용성 고형분을 끌어내는 것이 본인 취향에 맞는 '세상에서 가장 맛있는 커피'에 한 발짝 다가갈 수 있는 최선의 방법이라고 생각합니다. 그러면 추출 시 필요한 포인트를 정리해보겠습니다.

■ 원두의 무게

커피 원두는 계량 스푼이 아니라 스케일로 계량합니다. 라이트 로스팅이나 프렌치 로스팅과 상관없이 일관된 중량으로 커피를 정확히 측정할 수 있습니다.

■ 물의 무게

드립 서버의 눈금을 기준으로 두지 말고 실질적으로 사용하는 물의 양을 계측합니다. 그러려면 커피 가루, 드리퍼, 종이 필터, 드립 서버를 스케일에 올려서 0으로 설정한 후 물을 따라야 합니다.

■ 추출 비율

커피 원두는 사용할 물 100g당 6~8g을 사용합니다. 사용할 커피 가루의 양은 취향에 맞는 농도감에 따라 미세하게 조절해봅시다.

■ 추출 시간/접촉 시간

일반적인 추출 시간의 기준은 약 2~3분이지만, 이 책에서의 추출 시간은 '3~4분'이 기준이 됩니다. 단, 드리퍼 안에서 물과 커피가 닿는 시간을 가리키는 '접촉 시간'이 중요합니다. 설령 추출 시간이 3분을 넘더라도 접촉 시간이 2~3분 사이에 들어오면 문제는 없습니다.

■ 온도

추출 시 사용할 온도를 조절합니다. 로스팅 정도에 맞게 추출 온도를 유연하게 바꾸는 것도 중요합니다. 예를 들어 라이트 로스팅일 때와 프렌치 로스팅일 때 기준 온도(92℃)에서 2~4℃를 높이고 낮춰서 로스팅 정도에 맞는 추출 물의 온도로 추출할 수 있습니다. 추출 전에는 드리퍼를 꼭 데워둬야 합니다.

■ 뜸들이기

필터 헤드가 부풀어 오르는 커피 돔이 생겨야 하며, 드리퍼에 따랐던 물이 떨어져야만 뜸들이기에 성공한다는 이야기는 이 책에서 원하는 뜸들이기 목표와는 거리가 멉니다. 이 책의 뜸들이기 목표는 커피 가루 전체에 물을 퍼트려서 이산화탄소를 효율적으로 방출하고 본 추출 단계에서 효율적으로 가용성 고형분을 만들어내기 위한 준비 과정입니다. 뜸들이기는 30초 정도가 일반적이지만, 약 1분을 기준으로 뜸을 들이면 용해도가 급격히 향상합니다.

■ 물을 따르는 방법(유량, 유속, 횟수, 높이)

뜸들이기 단계에서 적절한 유량과 유속은 초속 3~4㎖이며, 추출 단계에서 적절한 유량과 유속은 초속 5~7㎖입니다. 물을 따를 때는 물줄기를 이용하여 5㎝의 높이에서 드리퍼 안 커피 가루를 잘 섞어주고 따라줍니다. 필터 헤드의 가운데서부터 바깥쪽으로 소용돌이를 그리듯이 따르고, 드리퍼 벽까지 따라줍니다.

■ 드리퍼 흔들기

뜸들이기 단계에서 물을 다 따른 직후에 드리퍼를 양손으로 잡고 드리퍼 안의 커피 가루와 물에 대해 원을 그리듯이 드리퍼를 3회 정도 흔들어 줍니다. 그러면 커피 가루와 물이 골고루 신속하게 섞여서 효율적으로 뜸을 들일 수 있습니다.

또 세 번째 물 투입을 끝냈을 때도 3회 정도 흔들어서 커피 가루가 드리퍼 측면에 달라붙는 현상을 방지하고 드리퍼 안의 물이 다 떨어질 때까지 물과 커피 가루가 균등히 접촉하는 환경을 만들 수 있습니다.

■ 물

1리터당 약 30~50mg 경도의 미네랄 워터를 사용하면 좋습니다. 경도가 극단적으로 높거나 증류수처럼 경도가 0인 물은 추출하기에 부적합합니다. 수돗물을 사용할 때는 물을 끓이면 석회 냄새를 제거할 수 있습니다.

기본적인 추출 레시피

※ 물이 300g인 경우

원두와 물의 계량

- 원두 18g(미디엄 로스팅의 경우)
- 92℃로 물을 끓인다.
- (드리퍼를 데우기 위해서) 300g보다 많은 물을 끓인다.

※ 30~50mg/L 경도의 미네랄 워터를 사용

드리퍼를 데운다

- 종이 필터를 끼운다.
- 드리퍼를 데운다.
- 갈아둔 커피 가루를 넣는다.
- 커피 가루를 평평하게 만든다.

※ 드리퍼가 세라믹일 때는 충분히 데워 준다.

추출 시작/뜸들이기

첫 번째 투입

- 물 60g(20%)을 따른다.
- 초속 3~4㎖의 속도
- 5cm의 높이
- 가운데서부터 바깥쪽으로 소용돌이를 그리듯이 전체에 골고루 따른다.

※ 0으로 설정한 스케일 위에 60g 분량을 측정하여 물을 따른다. 타이머로 시간 계측을 시작.

[동영상 공개 중!]

YouTube에서 영상 확인

https://www.youtube.com/watch?v=o3eMg4DYLKo

드리퍼를 흔든다

- 드리퍼를 원을 그리듯이 3회 정도 흔든다.
- 물과 커피 가루를 균등히 섞는다.
- 시작한 후부터 약 1분간

※ 드리퍼 안의 물과 커피 가루를 있는 힘껏 회전시키듯이 드리퍼를 흔들 것

본 추출

두 번째 투입

- 물 60g(20%)을 따른다.
- 초속 5~7㎖의 속도
- 가운데서부터 바깥쪽으로 소용돌이를 그리듯이 골고루 따른다.
- 시작한 후부터 약 2분간

※ 약 2분까지 드리퍼 안의 물이 떨어지지 않을 때는 조금 더 큰 입자를 사용해본다.

본 추출

세 번째 투입

- 물 180g(60%)을 따른다(스케일의 표시가 300g에 도달할 때까지).
- 측면에 커피 가루가 달라붙는 것을 방지하기 위해 드리퍼를 다시 3회 흔든다.
- 물이 다 떨어지면 추출 완료

※ 추출 시간이 3~4분 정도, 접촉 시간이 2~3분 이상이 걸릴 때는 입자 크기를 조금 더 크게 해서 사용해본다.
물이 다 떨어졌을 때 필터 헤드가 평평해지면 성공.

Chapter 5

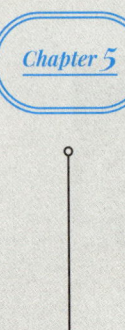

'기본적인 맛' 다섯 잔의 마법 레시피

깔끔한 맛, 깊이 있는 맛, 부드러운 맛의 뒷맛에
균형 잡힌 맛 계열을 더한 다섯 가지 기본적인 맛
바리스타 추천 레시피

맛 판정표 ①

깔끔한 맛

레시피 1

향긋하고 농후한 향과 눈에 띄는 신맛

[깔끔한 맛을 내는 방법]

- **추천 커피 :** 케냐(워시드), 콜롬비아(워시드), 중미 전반(워시드) 등
- **로스팅 정도 :** 라이트 로스팅~미디엄 로스팅
- **물 :** 경도 30mg/L 정도의 미네랄 워터
- **입자 크기 :** 조금 고운 입자
- **추출 비율 :** 물 100g:원두 6g(물 300g:원두 18g)
- **물 온도 :** 94~96℃
- **접촉 시간 :** 2분 30초
- **추출 시간 :** 3~4분
- **드리퍼 :** V60, 고노

[포인트 해설]

깔끔한 맛을 내고 싶을 때 중요한 점은 입자 크기를 작게 설정함으로써 농도를 높여서 신맛을 쉽게 낼 수 있는 커피 원두와 로스팅 정도를 선택하는 것입니다.

일반적으로 케냐(워시드)나 콜롬비아(워시드)는 깔끔한 맛을 쉽게 낼 수 있는 브랜드이므로 로스팅 정도도 라이트 로스팅과 미디엄 로스팅의 커피 원두를 선택하면 깔끔한 맛을 쉽게 만들 수 있습니다. 드리퍼는 유속이 비교적 빠른 V60이나 고노를 사용하면 좋습니다.

[추가 추천 사항]

추출 온도를 높게 유지하면 더 깔끔한 신맛을 낼 수 있습니다. 세라믹제 드리퍼를 사용하면 높은 추출 온도를 유지할 수 있으므로 더 깔끔한 맛을 원하는 분께 추천해드립니다. 이때는 반드시 드리퍼를 데운 후 사용하고, 추출 중에도 통풍이 잘되는 장소에서 추출하지 마시기 바랍니다. 또한 마그네슘이 풍부한 미네랄 워터로 추출하면 더 깔끔한 신맛을 낼 수 있습니다.

맛 판정표 ②

깊이 있는 맛

레시피 2

바디감과 쓴맛의 중후한 풍미

[깊이 있는 맛을 내는 방법]

- **추천 커피 :** 인도네시아(워시드), 프렌치 로스팅 전반 등
- **로스팅 정도 :** 시티 로스팅~프렌치 로스팅
- **물 :** 경도 30mg/L 정도의 미네랄 워터
- **입자 크기 :** 조금 거친 입자
- **추출 비율 :** 물 100g:원두 8g(물 300g:원두 24g)
- **물 온도 :** 88~90℃
- **접촉 시간 :** 2분 30초
- **추출 시간 :** 3~4분
- **드리퍼 :** 칼리타 웨이브, 멜리타, 칼리타(구멍 3개짜리)

[포인트 해설]

깊이 있는 맛을 내려면 농도를 높게 설정하여 쓴맛을 내야 합니다. 쓴맛을 내려면 **로스팅 정도가 진한 원두**를 선택하는 것이 필수입니다. 그래서 로스팅 정도가 어느 정도 진하기만 하면 어떤 브랜드를 써도 괜찮습니다.

농도감을 내기 위해서 추출 비율을 물 100g당 8g의 커피로 변경하고, 그 대신에 입자 크기는 **조금 거친 입자**를 사용합니다. 입자 크기를 작게 하지 않고 커피 가루의 양을 늘리는 이유는 과추출을 방지하기 위해서입니다.

로스팅 정도가 진해지면 용해성이 향상하므로 입자 크기를 작게 하면 톡 쏘는 맛이나 자극적인 맛이 두드러집니다. **물 온도를 낮추는** 이유도 똑같습니다. 강한 농도감을 내고 싶을 때는 **유속이 느린 멜리타**로 추출하면 더 좋습니다.

[추가 추천 사항]

더 깊은 농도감을 원할 때는 **뜸들이는 시간을 1분 30초** 까지 늘려 주십시오. 인도네시아의 바디감을 최대한으로 내기 위해서 **칼슘이 풍부한 미네랄 워터**를 사용하면 바디감을 낼 수 있습니다. 쓴맛이 신경 쓰이면 물의 온도를 **2℃ 낮춰서** 추출해주십시오.

맛 판정표 ③

산뜻한 맛

레시피 3

가볍고 상큼한 신맛과 과일 맛

[산뜻한 맛을 내는 방법]

- **추천 커피 :** 에티오피아(워시드), 게이샤종(워시드), 중미 전반(워시드) 등
- **로스팅 정도 :** 라이트 로스팅~미디엄 로스팅
- **물 :** 경도 30mg/L 정도의 미네랄 워터
- **입자 크기 :** 중간 입자
- **추출 비율 :** 물 100g:원두 6g(물 300g:원두 18g)
- **물 온도 :** 94~96℃
- **접촉 시간 :** 2분 30초
- **추출 시간 :** 3~4분
- **드리퍼 :** V60, 고노

[포인트 해설]

산뜻한 맛을 내고 싶을 때는 신맛을 쉽게 낼 수 있는 커피 원두를 선택하는 것이 중요합니다. 농도를 '깔끔한 맛'보다 낮게 설정하기 위해 우선 중간 입자로 시도해보십시오.

커피 원두는 에티오피아(워시드), 게이샤종(워시드), 중미 전반 커피(워시드)를 추천해드립니다. 중미 전반으로 폭넓게 포함되어 있는데, 그중에서도 과테말라(워시드)를 추천해드립니다.

[추가 추천 사항]

산뜻한 맛을 원할 때 중요한 점은 입자 크기 설정입니다. 입자를 너무 크게 해버리면 싱거워지므로 입자 크기를 변경할 때는 조금씩 바꿔 주십시오. 입자 크기 설정을 세세하게 변경할 수 없는 그라인더는 추출 비율을 7g으로 조절한 후 적절한 농도감을 내주십시오. 에티오피아나 게이샤종처럼 향이 풍부한 커피를 즐길 때는 테두리가 얇은 찻잔으로 맛을 보면 향과 섬세한 맛을 한층 더 즐길 수 있습니다.

맛 판정표 ④

부드러운 맛

레시피 4

은은한 쓴맛과 부드러운 맛

[부드러운 맛을 내는 방법]

- **추천 커피 :** 브라질(내추럴), 중미(워시드) 등
- **로스팅 정도 :** 시티 로스팅~프렌치 로스팅
- **물 :** 경도 30mg/L 정도의 미네랄 워터
- **입자 크기 :** 조금 거친 입자~거친 입자
- **추출 비율 :** 물 100g:원두 8g(물 300g:원두 24g)
- **물 온도 :** 90~92℃
- **접촉 시간 :** 2분~2분 30초
- **추출 시간 :** 3분~4분 30초
- **드리퍼 :** 칼리타 웨이브, 멜리타, 칼리타(구멍 3개짜리)

[포인트 해설]

부드러운 맛을 내려면 농도는 연하고 어느 정도 강한 쓴맛이 나야 하므로 로스팅 정도는 시티 로스팅에서 프렌치 로스팅을 선택하십시오. 커피 원두의 영역은 중미 중에서도 엘살바도르 등이 특히 궁합이 잘 맞습니다. 추출 비율은 '깊이 있는 맛'과 비율은 같지만, 입자 크기 설정을 약간 거칠게 하면 농도감을 조금 낮출 수 있습니다.

[추가 추천 사항]

추출물 온도를 기준으로 2℃ 정도 낮추면 더 부드러운 맛을 추구할 수 있습니다. 물 100g당 8g의 추출 비율로 농도감이 조금 진하다고 판단되면 7g으로 커피를 줄여서 다시 조절해주십시오. 그래도 농도감이 높을 때는 입자 크기를 거칠게 해서 다시 조절하면 본인 취향에 맞는 농도감에 더 가까워질 수 있습니다.

맛 판정표 ⑤

균형 잡힌 맛

레시피 5

단맛과 신맛의 절묘한 조화

[균형 잡힌 맛을 내는 방법]

- **추천 커피 :** 브라질(워시드), 중미 전반(워시드, 내추럴) 등
- **로스팅 정도 :** 미디엄 로스팅
- **물 :** 경도 30mg/L 정도의 미네랄 워터
- **입자 크기 :** 조금 거친 입자~거친 입자
- **추출 비율 :** 물 100g:원두 8g(물 300g:원두 24g)
- **물 온도 :** 92~94℃
- **접촉 시간 :** 2분~2분 30초
- **추출 시간 :** 3~4분
- **드리퍼 :** 칼리타 웨이브, 칼리타(구멍 3개짜리)

[포인트 해설]

부드러운 맛을 좋아한다면 신맛과 쓴맛의 중간 즈음 그리고 농도도 너무 진하지도 연하지도 않은 포인트를 노려야 하는데, 특히 초보자는 브라질(워시드)의 미디엄 로스팅으로 시도해 보시면 좋습니다.

에티오피아나 게이샤종의 내추럴(천일 건조)은 추출하기에 따라 부드러움의 틀에서 크게 벗어나므로, 가능하면 중미 나라 중에 코스타리카를 써 보시기 바랍니다. 드리퍼는 칼리타 웨이브나 구멍이 3개 뚫린 칼리타 드리퍼를 사용하면 좋습니다.

[추가 추천 사항]

더 균형 잡힌 부드러운 맛을 추구한다면 물 온도를 90~92℃로 시도해 보시기 바랍니다. 뜸들이는 시간도 1분 30초 까지 잡아서 확실히 가용성 고형분을 만들어내면 균형 잡힌 맛을 즐길 수 있습니다.

Chapter 6

커피용품 추천 18가지

집에서 바리스타의 맛을 재현하는 데

도움이 되는 최강의 도구.

도구를 바꾸면 맛도 바뀐다!

•미네랄 워터•

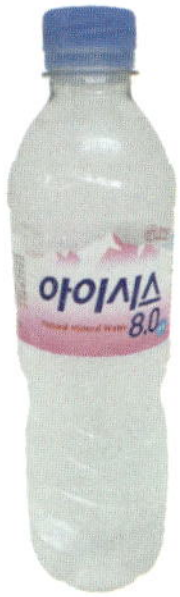

1

볼빅

볼빅 생수는 수원지인 프랑스 에베르뉴 크레르빅 샘에서 1927년에 발견 되었습니다. 화산지대에서 내리는 빗물이 화산암의 지하로 스며들어 미네랄을 함유하게 됩니다.

경도가 68 mg/L 로 커피에 밸런스를 잘 잡아주는 만능 물입니다. 시중에 판매되고 있는 타사 물들 보다 적당한 칼슘과 마그네슘 함량 덕분에 라이트 로스팅 된 커피를 추출하기에도 좋은 물입니다.

2

평창수

강원도 평창군 청태산에 있는 청정 국유지에서 취수한 국산 물입니다. 경도는 62mg/L로 볼빅과 비슷하지만 칼슘 함량이 조금 더 높고 마그네슘 함량은 적은 편이라 바디감이 더 살아나는 커피입니다.

배전도가 높은 커피나 부드러운 커피 맛을 좋아하시는 분들에게 추천합니다.

3

아이시스

아이시스는 청원, 청도, 순창 그리고 산청의 4대 청정 수원지에 있는 암반 대수층을 흐르는 지하수를 취수한 물입니다.

경도는 35mg/L로 다소 낮은 편이지만 마그네슘 함량이 타사 제품보다 높은 덕분에 약배전 커피에서 나오는 상큼함을 더 돋보이게 만들어 주는 물입니다.

•핸드 밀(가정용 커피 분쇄기)•

4

Comandante/ 코만단테C40 (Comandante)

세계 최고의 독일제 가정용 커피 분쇄기입니다. 세계 최고의 바리스타도 대회에서 사용할 정도로 사양이 좋습니다. 니트로 블레이드라는 스테인리스강 소재를 칼날로 채용하여 고정밀도 얼라이먼트(칼날의 맞물림)로 훌륭한 입자 크기를 만들어냅니다. 저도 애용 중입니다.

photo : http://www.comandantegrinder.com/

5

커피밀 (PORLEX)

고운 입자부터 거친 입자까지 취향에 맞게 입자 크기를 조절할 수 있으며 깔끔한 외관과 간단한 설계로 아웃도어용으로도 사용하기 적합합니다. 세라믹 칼날을 사용하므로 내구성이 뛰어나고 물로 씻을 수 있어 관리하기 편한 그라인더입니다.

6

HG-1 (Lyn Weber)

예전에 애플(Apple)에서 제품 디자인팀 아시아 책임자를 맡았던 더글러스 웨버의 '린 웨버 워크숍(Lyn Weber Workshops)'의 초고성능 핸드밀입니다. 일반적으로 몇백만 원의 그라인더에 탑재된 칼날을 사용하여 입자 크기는 상업용 수준입니다. 잔여물도 전혀 남지 않습니다. 디자인도 깔끔하고 아주 아름다운 외관을 자랑합니다.

•전동 그라인더•

7

NEXT G
(칼리타)

칼리타가 출시한 최고 수준의 가정용 그라인더입니다. 전동 그라인더를 사용하는 분이라면 정전기로 커피 가루가 여기저기로 날렸던 경험이 한 번쯤 있을 텐데 NEXT G에는 정전기 제거 기능이 탑재되어 있어 커피 가루 날림을 방지해 줍니다. 입자 크기도 균일하여 드립용 그라인더로 적합합니다. 저속 회전으로 마찰열을 방지하고 소음이 적은 편입니다. 분쇄도 설정도 15단계나 있어서 자유롭게 입자 크기를 설정할 수 있습니다.

8

미룻코 커피밀 R-220
(후지코키)

업무용으로 소규모 찻집이나 커피숍에서 사용되는 '미룻코'는 가정용으로도 추천해드립니다. 그라인드식 절구날이라 불리는 으깨듯이 갈아내는 칼날을 도입했으며 특히 중간 입자부터 거친 입자까지 갈 수 있는 뛰어난 그라인더입니다. 또 미분이 비교적 잘 나오지 않으므로 드립용으로 적합합니다. '깊이 있는 맛', '부드러운 맛'의 범주에 속하는 맛을 쉽게 낼 수 있는 프렌치 로스팅의 커피 원두와 궁합이 좋은 그라인더입니다.

9

Svart Aroma/
스바트 아로마
(Wilfa)

월파는 1948년에 창업한 노르웨이의 주방 가전 제조사입니다. 노르웨이 출신이자 2004년 월드 바리스타 챔피언십 우승자이며, 세계적으로 유명한 로스터이기도 한 '팀 윈들보(Tim Wendelboe)'가 감수를 담당했던 가정용 그라인더가 바로 '스바트(Svart)'입니다. 스테인리스의 코니컬(원뿔 모양) 칼날을 채용하여 거친 입자부터 에스프레소용 고운 입자까지 폭넓게 대응할 수 있는 우수한 제품입니다.

photo : https://www.wilfa.no/

10

Encore Conical Burr Coffee Grinder
(Baratza)

바라짜는 미국 시애틀에 근거지를 둔 스페셜티 커피에 특화된 그라인더 제조사입니다. 성능 면에서는 월파의 스바트와 비슷합니다. 거친 입자부터 에스프레소용 고운 입자까지 대응할 수 있으며 폭넓은 요구에 맞출 수 있는 그라인더입니다. 또 바라짜에는 Forte-BG(포르테)라는 고가격대 시리즈도 있어 커피 가루의 양을 g 수로 계측 가능한 고사양 그라인더로 뛰어납니다.

photo : http://www.baratza.com/

11

모카 마스터 KBGC741A0 시리즈 X(TECHNIVORM)

네덜란드 커피메이커로 전 세계에서 애용되는 고사양 커피메이커입니다. 통상의 커피메이커는 추출 온도에 불균형이 생겨 너무 낮아지는 것이 단점이지만, 모카 마스터는 92~96℃의 고온에서 추출할 수 있습니다. 또 보온 플레이트도 취향에 맞게 온도를 변경할 수 있는 사양이므로 취향에 맞는 온도로 커피를 즐길 수 있습니다.

12

스바트 프리시전 오토매틱 (Wilfa)

노르웨이 윌파의 커피메이커입니다. 대부분 커피메이커는 물이 나오기 시작할 때 온도가 조금 낮았다가 서서히 올라가지만, 이 커피메이커는 물이 나오는 순간부터 고온으로 추출할 수 있습니다. 또 드리퍼 하부에 유량을 조절할 수 있는 탭이 달려 있어, 취향껏 속도를 자유롭게 조절하여 추출할 수 있는 커피메이커입니다.

photo : https://www.wilfa.no/

13

V60 오토 푸어 오버
Smart7 BT(HARIO)

핸드 드립을 재현하는 커피메이커로 V60 드리퍼로 유명한 하리오(HARIO)에서 출시한 첫 IoT형 커피메이커입니다. 핸드 드립에서 맛을 결정짓는 중요한 요소인 물 온도, 유량, 속도(유속)를 조절할 수 있는 커피메이커입니다. 터치패널로 기존의 레시피를 사용해서 간편히 추출할 수 있고 자신의 레시피를 애플리케이션에 공유할 수 있습니다.

14

V60 오토 푸어 오버
SmarQ 사만다(HARIO)

스마트폰을 사용해서 직감적으로 레시피를 만들 수 있습니다. 바리스타 모드를 사용하면 본인 취향에 맞는 물의 양과 따르는 횟수를 설정할 수 있으며, 본인 취향에 맞는 드립을 충실히 재현할 수도 있습니다. 탱크 용량도 커서 연속 추출도 할 수 있으므로 심혈을 기울이면서도 편하게 맛있는 커피를 마시고 싶은 사용자에게 아주 적합합니다.

•전기 주전자/온도계•

15

Bonavita 1L 구스넥 전기주전자 (Bonavita)

보나비타 주전자에는 온도 조절 기능이 탑재되어 있습니다. 저도 애용 중입니다. 60~100℃까지 1℃ 단위로 온도를 설정할 수 있고 설정 온도로 보온도 할 수 있으므로 커피 전용 주전자로도 온도 관리 측면으로도 뛰어난 주전자입니다. 구스넥이라는 주입구가 물을 따를 때 섬세하게 조절할 수 있어서 유량과 유속을 손쉽게 관리할 수 있습니다.

16

어프레시아 Ag+ 콘트롤 0.8L(테팔)

끓을 때까지의 속도가 빠르고 80℃에서는 5℃ 단위로 온도 설정과 보온도 가능합니다. 따르기 힘들다고 느낄 수도 있지만, 주입구에서 물이 잘 흐르지 않으며 물을 가늘게 따를 수 있습니다. 커피 전용 주전자보다 물의 양이나 물을 따르는 속도를 조절하기 힘들지만, 초보자용으로는 괜찮은 사양입니다.

17

V60 드립 스케일
(HARIO)

추출 시간과 중량을 동시에 측정할 수 있는 커피 전용 스케일로 전 세계에서 폭넓게 사용하고 있습니다. 시간과 눈금 기능이 함께 디스플레이되어 있어 손쉽게 추출 상황을 파악할 수 있습니다. 추출에 필요한 최소한의 기능만 탑재되어 있으므로 가격도 저렴하여 무엇보다 커피 전용 스케일이 필요한 사용자에게 아주 적합합니다.

18

acaia 커피 스케일 pearl
(acaia)

스페셜티 커피에 특화된 브랜드의 스케일입니다. 이 제품은 스케일과 휴대전화를 블루투스로 연결하여 마음에 드는 레시피를 저장하거나 공유할 수 있습니다. 또 설정한 레시피를 바탕으로 달성률도 표시되므로 시각적으로 파악하기 쉽고 자신의 추출 품질을 객관적으로 이해할 수 있는 특징도 있습니다.

제가 커피 업계에 뛰어든 지 약 15년이라는 세월 동안 커피를 둘러싼 환경이 많이 변화했습니다.

새로운 품종의 등장, 추출 기기나 그라인더 등의 극적인 발전, 추출에 관한 논리적이고 과학적인 접근으로 인한 보급, 로스팅 기술의 향상 등 15년 전에는 상상도 할 수 없었던 훌륭한 맛의 커피를 손쉽게 즐길 수 있게 되었죠.

하지만 이런 좋은 발전도 있지만, 일용품 시장에서는 농가의 생산 비용을 밑도는 가격으로 커피가 거래되고, 지구온난화 영향으로 2050년에는 많은 지역에서 아라비카종의 재배가 힘들어질 것이라는 비관적인 예측이 나오고 있습니다.

인류가 더할 나위 없이 사랑하는 '커피'라는 신의 선물을 계속 누리려면 생산자의 투명한 거래로 구매한 커피를 선택할 수 있어야 합니다. 그리고 '본인의 취향에 맞는 세상에서 가장 맛있는 커피'를 찾아 매일 행복한 기분으로 평화롭게 커피를 담담히 즐길 수 있어야 하죠.

그것이 커피에 주어진 끝을 알 수 없는 인생에 미치는 영향을 고려하는 계기가 되어 커피의 가치를 진지하게 느낄 수 있는 순간이 될 것이라 믿습니다. 그리고 이 책이 그 과정에 도움을 줄 수 있기를 진심으로 바랍니다.

커피는 현재도 전 세계에서 하루에 20억 잔이나 소비되고 있으며, 우리 생활에서 빼놓을 수 없는 음료가 되었습니다. 사람들은 왜 이렇게까지 커피에 빠지게 되었을까요?

'커피란 대체 무엇인가?' 이 근원적인 질문에 대해 저는 '이세계(다른 세계)를 경험하게 해주는 존재'라고 생각합니다.

우리는 현실 세계의 고통과 괴로움에서 벗어나는 수단으로 커피를 생활에 들였다고 생각합니다.

커피를 입에 대는 한순간에 그 고통과 괴로움을 잊을 수 있다면 자신만의 '이세계'에서 마음 편히 쉴 수 있습니다. 커피란 사람의 '삶'이라는 근원적인 갈망에 밀접한 관련이 있으므로 전 세계 사람들을 사로잡았을 것입니다.

즉, 커피를 마시는 순간 '안심'이 되는 감정은 만국 공통이라 생각합니다. 매일 중책을 안고 살아가는 바쁜 현대인에게 커피와 함께 보내는 시간은 '긍정적인 현실도피' 수단이자 더없이 소중한 휴식을 가져다줍니다.

커피는 '사람과의 연결고리'를 이어줄 수 있습니다.

커피 한 잔으로 인종, 언어, 피부색, 국적이 다른 사람들과 규약 없이 이어질 수 있는 음료는 커피뿐이라고 생각합니다. 그 순간에는 정치, 종교, 문화의 차이는 존재하지 않습니다.

커피에는 '차이'를 뛰어 넘어 사람을 이어주는 아주 강력한 힘이 있습니다. 전 세계 사람들이 커피를 마시면 똑같은 안심감을 느낄 수 있고 평범한 행복을 공유할 수 있습니다.

예전에 어느 유명한 경영자로부터 '비전이 무엇이냐'는 질문을 받았을 때 '세계 평화'라고 대답했던 적이 있습니다. 그랬더니 그분은 제가 장난치는 줄 알고 저를 혼냈던 적이 있는데, 저는 진심으로 한 말이었습니다. 분명 커피에서 생겨나는 평범한 행복을 전 세계로 퍼트릴 수 있다면 세계에서 전쟁이 사라지고 세계 평화를 이룰 수 있다고 진심으로 믿고 있습니다.

그런 경험을 바탕으로 저는 '브루 피스(Brew peace)'라는 비전을 가지고 활동하고 있습니다. 맛있는 커피를 통해 얻을 수 있는 작은 행복의 연결고리는 앞으로 선한 사회를 실현할 수 있으며 우리가 목표로 삼아야 할 미래이자 내가 커피 업계에 종사하는 이유입니다.

다이아몬드사의 이치카와 씨께서는 제가 이 책을 집필하기까지 약 2년간 묵묵히 기다려 주셨습니다. 또 저서를 집필할 기회를 주셔서 바리스타의 직업적 가치를 높이는 데 크게 기여할 수 있게 해주셨고 끈기 있게 지도해주셔서 대단히 감사하다는 말씀을 전하고 싶습니다. 진심으로 감사드립니다.

커피 업계의 아버지와 같은 두 분께도 감사의 마음을 전합니다. 저의 친아버지인 이자키 가쓰히데는 목표를 잃었던 저를 커피 업계로 인도해주셨고 커피 업계에서 아버지와 같은 존재이신 주식회사 마루야마커피의 마루야마 겐타로 사장님은 세계 챔피언이 될 때까지 끈기 있게 가르쳐 주셨습니다.

마지막으로 사랑하는 아내에게 진심으로 감사를 표합니다. 전 세계를 누비는 생활 속에서 누구보다도 저를 믿어주고 항상 제가 '저답게' 활약할 수 있도록 여러 방면에서 지지해주었습니다. 지금의 제가 있을 수 있었던 것은 모두 아내 덕분입니다. 정말 고마워.

커피가 만드는 평화로운 세계를 꿈꾸며

이자키 히데노리

이자키 히데노리(井崎英典)

제15대 월드 바리스타 챔피언, 주식회사 QAHWA 대표이사 사장.

1990년 출생. 고등학교 중퇴 후, 아버지가 경영하는 커피 가게인 '허니 커피'를 도우면서 바리스타의 길을 걷게 되었다. 호세이대학교 국제문화학부 입학을 계기로 (주)마루야마커피에 입사하여 2012년에 사상 최연소로 재팬 바리스타 챔피언십에서 우승하였으며 2연패를 달성한 후, 2014년 월드 바리스타 챔피언십에서 아시아인 최초로 세계 챔피언이 되었고, 이후 독립했다. 현재는 연간 200일 이상을 해외에서 보내고 있으며 커피 전도사로서 Brew Peace의 선언서를 내걸고 전 세계적으로 활동 중이다. 유럽과 아시아를 중심으로 커피 관련 기기의 연구 개발, 소규모 가게부터 대기업 체인점까지 폭넓게 상품 개발과 인재 육성에 힘쓰고 있다. 일본 맥도날드의 '프리미엄 로스트 커피', '프리미엄 로스트 아이스 커피', '신생 라떼'의 감수와 중국 최대 커피 체인점인 '루이싱커피'의 상품 개발과 품질 관리 등도 담당했다. NHK 《인생역전》 외 텔레비전 방송, 잡지, 인터넷 등 미디어에 다수 출연했다.

감수 **박상호**

2013 영국 브루어스컵 국가대표 챔피언/ 2013 월드 브루어스컵 4위
2015 영국 커피 인 굿 스피릿 국가대표 챔피언/ 2015 월드 커피 인 굿 스피릿 6위
현) 센터커피 대표이사

영국에서 커피를 접한 후 커피의 매력에 흠뻑 빠져 대학 진학을 포기하고 바리스타의 길로 접어들게 된다. 런던 최고 카페들에서 경력을 쌓은 후 전 세계 유명 로스터리 회사를 거쳐 영국 스퀘어마일을 입사, 2014년에는 수석 로스터가 된다. 그 이후 2016년 말에는 개인 컨설팅 회사인 '스파크 커피 컨설팅'을 설립하여 전 세계를 방문하면서 커피 컨설턴트로 지내다가 2017년에 서울숲에 '센터커피'를 오픈하였다. 전 세계 희귀하고 맛있는 커피를 농장에서 직접 공수해 대중에게 선보이자 라는 취지로 '일상 작은 사치'를 누릴 수 있는 카페로 거듭나며 현재 센터커피를 운영 중이다.

photo by Ryota Kyoshima

월드 바리스타 챔피언이 알려주는

세상에서 가장 맛있는 커피를 내리는 방법

2020년 7월 30일 초판 발행
2021년 4월 10일 2판 인쇄
2021년 4월 20일 2판 발행

펴낸이 | 김정철
펴낸곳 | 아티오
지은이 | 이자키 히데노리
감 수 | 박상호
번 역 | 전지혜
표 지 | 김지영
편 집 | 이효정
전 화 | 031-983-4092
팩 스 | 031-983-4093
등 록 | 2013년 2월 22일
정 가 | 16,000원
주 소 | 경기도 고양시 일산동구 호수로 336 (브라운스톤, 백석동)
홈페이지 | http://www.atio.co.kr

* 아티오는 Art Studio의 줄임말로 혼을 깃들인 예술적인 감각으로 도서를 만들어 독자에게 최상의 지식을 전달해드리고자 하는 마음을 담고 있습니다.

본인의 맛 취향을 찾아내는

커피 수첩

잔째

년 월 일

레시피	메모
• 원두(생산국, 품종, 무게 등)	
• 로스팅 정도	
• 물	
• 입자 크기	
• 추출 비율(물 : 원두)	
• 물 온도	
• 접촉 시간	
• 추출 시간	
• 드리퍼	

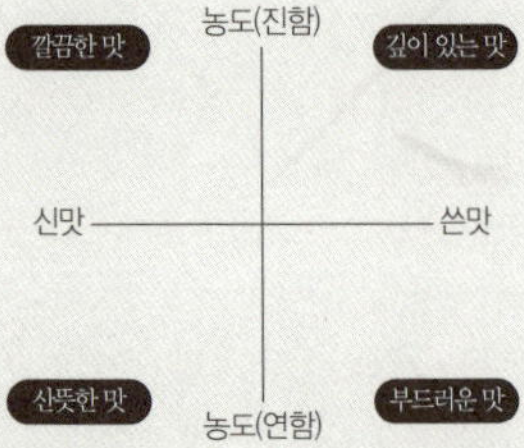